PROKLESNO UKUSNI RECEPTI ZA PEČENJE RIBE I PLODOVA MORA NA GRILU

UŽIVAJTE UZ 100 NEVJEROJATNIH RECEPATA ZA HLADNE ROŠTILJE I MORSKE PLODOVE NA ŽARU

Jakov Ćorluka

SADRŽAJ

4

ZAKLJUČAK 240

UVOD

Znamo, znamo, ako idete na kuhanje, očekujete hamburgere i hrenovke na žaru, možda čak i rebarca s roštilja ili povrće na žaru. Ali zamislite ovo: prekrasna, citrusna, delikatna riba ili školjke pečene na roštilju uz te klasike. Od škampi i jakobovih kapica do lososa i bakalara, sa svime, od jastoga do sabljarke između, doslovce sve je prihvatljivo kada je u pitanju pečenje morskih plodova na roštilju.

Postoji nekoliko strogih i brzih pravila koja će pomoći da vaši plodovi mora na žaru ispadnu apsolutno najbolji. Najteži dio pečenja ribe na roštilju je osigurati da se ljuskava koža ne zalijepi za roštilj. Nekoliko savjeta: prvo temeljito nauljite rešetke za roštilj krpom ili papirnatim ručnikom natopljenim biljnim uljem (koristite ono s visokom točkom dimljenja, pogledajte naš vodič za ulja za kuhanje za više informacija) prije dodavanja ribe. Zatim, pazite da kuhate na visokoj temperaturi (400°-450°), a kada je vaša riba na roštilju, ne dirajte je dok koža ne postane hrskava.

BIJELA RIBA NA ŽARU

1. Deverika na žaru s komoračem

Prinos: 1 porcija

Sastojci

- 4 filea deverike
- Maslinovo ulje za četkanje
- 10 ljutika; oguljena, segmentirana
- 4 mrkve; fino segmentirano
- 1 cijeli komorač; jezgrovit, prepolovljen
- 2 prstohvata šafrana
- Slatko bijelo vino
- 1 litra ribljeg temeljca
- 1 pinta duplog vrhnja
- Naranča; sok od
- 1 hrpa korijandera; sitno nasjeckan

Upute

a) Mrkvu, ljutiku, komorač i šafran kuhajte na maslinovom ulju bez bojanja 3-4 minute. Povrće tri četvrtine podlijte vinom i skroz reducirajte.

b) Dodajte riblji temeljac i reducirajte ga za trećinu. Provjeravajte mrkvu tijekom reduciranja i ako je tek kuhana, ocijedite povrće od tekućine i vratite tekućinu u tavu da se još reducira. Ostavite povrće sa strane.

c) U reducirajući liker dodati vrhnje i reducirati da se malo zgusne. Filete deverike premažite maslinovim uljem i ispecite s kožom prema dolje.

d) U reduciranu juhu dodajte sok od naranče i vratite povrće u tavu. Začinite i poslužite uz ribu.

2. BBQ potočna pastrva

Prinos: 1 porcija

Sastojci
- $\frac{1}{4}$ šalice žute gorušice
- $\frac{1}{4}$ šalice čili umaka
- 2 žlice smeđeg šećera
- 1 žličica soli
- 1 mljeveni luk
- 1 žličica Worcestershire umaka
- 4 Očišćene pastrve

Upute
a) Pomiješajte senf, čili umak, smeđi šećer, sol, luk i Worcestershire u maloj tavi; pirjati 10 minuta.
b) Stavite ribu u dobro namašćenu žičanu rešetku; premažite umakom.
c) Pecite 8 minuta sa svake strane, povremeno podlijevajući.

3. Pastrva pečena na ugljen

Prinos: 4 porcije

Sastojci
- 4 (10 oz) pastrve
- ½ šalice majoneze
- 1 velika rajčica; Segmentirano
- 4 limuna; Segmentirano
- 2 luka; Segmentirano

Upute

a) Zapalite roštilj i pustite da ugljen izgori. Pastrve očistite i ostavite glave. Unutrašnjost pastrve premažite majonezom. Stavite segmentirane rajčice unutar pastrve

b) Otvorite roštilj za ribu i stavite polovice narezanog luka i limuna, pastrve i ostatak luka i limuna. Zatvorite roštilj za ribu.

c) Ili stavite na roštilj na 15 minuta ili pecite 6 do 7 minuta s jedne strane i okrenite 5 do 6 minuta

d) Poslužite s umakom od kopra ili drugim omiljenim umakom. U nedostatku roštilja za ribu, limun i luk mogu se staviti izravno na roštilj na drveni ugljen

4. Hrskavi som na žaru

Prinos: 1 porcija

Sastojci

- 4 Cijeli som
- $\frac{1}{2}$ šalice maslaca; rastopljeni
- $\frac{3}{4}$ šalice sitno zdrobljenih mrvica krekera
- 1 žličica začinjene soli
- $\frac{1}{2}$ žličice celerove soli
- $\frac{1}{2}$ žličice soli od češnjaka

Upute

a) Pomiješajte mrvice krekera i začine u plitkoj posudi.

b) Svaku ribu umočite u otopljeni maslac, a potom uvaljajte u začinjene mrvice.

c) Stavite ribu na nauljenu rešetku četiri inča iznad vrućeg ugljena. Pecite 8 do 10 minuta po strani, jednom lagano okrećući.

5. Dimljena salamurena pastrva

Sastojci:

- 2 cijele pastrve (svježe, s kožom, bez kostiju)
- 3 šalice salamure od svježe ribe

Upute:

a) Stavite pastrve u plastičnu posudu koja se može zatvoriti i ulijte u posudu salamuru od svježe ribe
b) Prebacite filet na neljepljivu posudu za pečenje i stavite u pušnicu na 1 minutu
c) Nastavite s dimljenjem dok unutarnji he tune ne poraste na 145°F
d) Izvadite ih iz pušnice i ostavite da odstoje 5 minuta
e) Poslužite i uživajte

6. Fish Camp Pastrve

Sastojci:

- 4 male cijele očišćene pastrve
- 4 trake slanine
- 4 grančice svježeg timijana
- 1 limun
- sol i papar po ukusu

Upute:

a) Nauljite rešetke i zagrijte roštilj na pelete. Popržite slaninu, tako da se počne kuhati, ali još uvijek bude mekana. Pastrve isperite i osušite papirnatim ručnikom.

b) U svaku ribu stavite grančicu majčine dušice. Svaku pastrvu omotajte trakom slanine i učvrstite čačkalicom.

c) Stavite pastrve na roštilj na pelete ili u nauljenu košaru za roštilj i pecite 5-7 minuta po strani ovisno o veličini pastrve. Pastrva je gotova kada meso u sredini postane neprozirno i lako se ljušti.

d) Svaku ribu iscijedite s malo svježeg soka od limuna i poslužite.

7. Papar-Kopar Mahi-Mahi

Sastojci:

- 4 mahi-mahi fileta
- $\frac{1}{4}$ šalice nasjeckanog svježeg kopra
- 2 žlice svježe iscijeđenog soka od limuna
- 1 žlica mljevenog crnog papra u zrnu
- 2 žličice mljevenog češnjaka
- 1 žličica luka u prahu
- 1 žličica soli
- 2 žlice maslinovog ulja

Upute:

a) Odrežite filete po potrebi, izrežite sve vidljive crvene krvne linije. Neće vam naškoditi, ali njegov snažniji okus može brzo prožeti ostatak filea.

b) U maloj zdjeli pomiješajte kopar, limunov sok, papar u zrnu, češnjak, luk u prahu i sol da napravite začin.

c) Ribu namažite maslinovim uljem i posvuda nanesite začine. Nauljite rešetku za roštilj ili neljepljivu podlogu za roštilj ili perforiranu rešetku za pizzu.

d) Stavite filete na rešetku za pušenje i pušite 1 do $1\frac{1}{2}$ sat.

8. Brancin na žaru s umakom

Prinos: 4 porcije

Sastojak

- 4 manja cijela brancina
- 4 žlice maslinovog ulja; podijeljena
- suština
- ½ šalice nasjeckanog luka
- 1 šalica oguljene; nasjeckane roma rajčice bez sjemenki
- ⅓ šalice crnih maslina bez koštica
- 1 šalica svježeg fava graha; blanširana, oguljena
- 1 žlica mljevenog češnjaka
- 2 žličice mljevenih fileta inćuna
- 1 žlica sitno nasjeckanog svježeg peršina
- 1 žlica nasjeckanog svježeg bosiljka
- 1 žlica nasjeckanog svježeg timijana
- 1 žlica nasjeckanog svježeg origana
- ½ šalice bijelog vina
- 1 štapić maslaca; izrezati na žlice
- 1 sol; okusiti
- 1 svježe mljeveni crni papar; okusiti
- 2 žlice sitno nasjeckanog peršina

a) Zagrijte roštilj. Oštrim nožem zarežite po tri kose ribe pod kutom. Svaku ribu namažite s 2 žlice maslinovog ulja i začinite Emerilovom esencijom. Stavite ribu na vrući roštilj i pecite 4 do 5 minuta sa svake strane, ovisno o težini pojedine ribe. U tavi zagrijte preostalo maslinovo ulje. Kad se ulje zagrije, dinstajte luk 1 minutu. Dodajte rajčice, crne masline i fava grah. Posolite i popaprite. Pirjajte 2 minute.

b) Umiješajte češnjak, inćune, svježe začinsko bilje i bijelo vino. Zagrijte tekućinu do vrenja i smanjite na laganoj vatri. Pirjati 2 minute.

c) Umiješajte maslac, žlicu po žlicu.

9. Brancin na žaru u kukuruznim ljuskama

Sastojci:

- 2 klipa svježeg kukuruza
- 2 funte fileta brancina, izrezanih na četiri dijela
- 4 žlice neslanog maslaca, narezanog na komadiće
- Sok od 1 limuna (oko 3 žlice)
- Sol i svježe mljeveni crni papar
- kriške limuna

a) Zagrijte roštilj.

b) Pažljivo ogulite ljuske kukuruza i ostavite sa strane. Skinite svu svilu sa svakog klipa.

c) Držeći klipove uspravno, zarežite oštrim nožem prema dolje, režući kukuruz u redovima. Odbacite klipove i ostavite izrezani kukuruz sa strane.

d) Raširiti i pritisnuti dvije-tri kore po filetu. Na listove pospite sloj kukuruza i položite filet pod pravim kutom u odnosu na ljuske, po jedan na svaki "paketić".

e) Filete prekrijte preostalim kukuruzom. Kukuruz posipajte komadićima maslaca.

f) Poškropite sok od limuna preko svakog fileta i začinite solju i paprom.

g) Presavijte ljuske preko vrha paketića sa svih strana (u obliku omotnice) i pričvrstite čačkalicama.

h) Stavite na roštilj oko 6 minuta; pažljivo okrećite lopaticom i kuhajte još 6 minuta ili dok ljuske malo ne pougljene.

i) Poslužite odmah s kriškama limuna.

10.   Ražnjići od ribe na roštilju

Prinos: 4 porcije

Sastojci

- 1 funta čvrste bijele ribe
- 1 žličica soli
- 6 češnja češnjaka
- 1½ inča svježeg korijena đumbira
- 1 žlica garam masale
- 1 žlica mljevenog korijandera
- 1 žličica kajenskog papra
- 4 unce običnog jogurta
- 1 žlica biljnog ulja
- 1 limun
- 2 ljute zelene čili papričice

Upute

a) Filete i kožu ribe zatim narežite na kockice od 11/2 inča. Stavite oko 5 komada na svaki ražnjić i pospite solju.

b) Napravite pastu od češnjaka, đumbira, začina i jogurta i njome pokrijte ribu. Ostavite nekoliko sati, a zatim pecite na roštilju.

c) Ražnjići se tijekom pečenja po potrebi mogu poprskati s malo ulja. Ukrasite limunom narezanim na kriške i finim kolutićima zelene čili papričice bez sjemenki.

11.   Australska riba na žaru

Prinos: 4 porcije

Sastojci

- 4 riblja odreska
- $\frac{1}{4}$ šalice soka od limete
- 2 žlice biljnog ulja
- 1 žličica Dijon senfa
- 2 žličice svježeg korijena đumbira, naribanog
- $\frac{1}{4}$ žličice kajenskog papra
- Crni papar

Upute

a) U posudi pomiješajte sok limete, 1 žlicu ulja, đumbir, kajenski papar i dovoljno svježe mljevenog crnog papra po vašem ukusu.

b) Marinirajte ribu u salamuri 45-60 minuta. Okrenite odreske 2-3 puta.

c) Pripremite roštilj s bijelim ugljenom i premažite roštilj preostalom jednom žlicom ulja.

d) Pecite ribu na žaru, nekoliko puta premažući salamurom, dok ne bude kuhana i neprozirna u sredini. Okrenite ribu nakon otprilike 4-5 minuta.

e) Ukupno vrijeme pečenja ovisit će o vašem roštilju i toplini ugljena.

12.   Riba na žaru s Dijon glazurom

Prinos: 4 porcije

Sastojci
- 4 riblja fileta ili odreska; 7 unca
- $\frac{1}{4}$ šalice Dijon glazure s limunovim začinskim biljem
- $\frac{1}{2}$ šalice suhog bijelog vina
- Svježa biljka; za ukrašavanje

Upute
a) Zagrijte do 500 stupnjeva.
b) Zagrijte tavu na jakoj vatri, dok ne bude jako vruće.
c) Dok se grije, premažite glazurom sve površine ribe, a posebno meso.
d) Za pečenje: Stavite ribu na roštilj i pecite, okrećući je samo jednom (5 minuta po inču). Ribu izvadite iz roštilja ili s roštilja i odmah je premjestite u zagrijanu porcionu posudu ili zagrijane pojedinačne tanjure. Dodajte vino u tavu i kuhajte na umjerenoj temperaturi, stalno miješajući dok se umak ne reducira na pola. Za roštiljanje u maloj tavi skuhajte vino i 1 žlicu dijon glazure. Prelijte preko ribe, ukrasite svježim začinskim biljem i odmah poslužite.

13.   Riblji tacosi s vatrenim paprikama

Sastojci:

- 1 kutija (16 unci) pripremljena slatka salata od kupusa
- 1 manja glavica crvenog luka nasjeckana
- 1 poblano paprika, nasjeckana
- 1 jalapeño papričica, nasjeckana
- 1 serrano paprika, nasjeckana
- $\frac{1}{4}$ šalice nasjeckanog svježeg cilantra
- 1 žlica mljevenog češnjaka
- 2 žličice soli, podijeljene
- 2 žličice svježe mljevenog crnog papra, podijeljene
- 1 limeta, prepolovljena
- Bakalar bez kože od 1 funte, iverak ili bilo koja bijela riba (pogledajte savjet)
- 1 žlica maslinovog ulja, plus još za nauljenje rešetke
- Tortilje od brašna ili kukuruza
- 1 avokado, narezan na tanke ploške

Upute:

a) Iz jedne polovice limete ocijedite sok, a drugu polovicu narežite na kriške. Natrljajte ribu po cijeloj površini sokom od limete i maslinovim uljem.

b) Začinite ribu i stavite je na rešetku za pušenje i pustite da se dimi 1 do $1\frac{1}{2}$ sat

14.   Leptir pastrva na žaru

Sastojci:

- 3 žlice ulja od kikirikija
- 1 šalica tanko narezanih shiitakea
- 6-8 režnjeva češnjaka, sitno nasjeckanog
- 1-2 serrano chilea, bez sjemenki, bez žilica
- 1 šalica nasjeckanog bijelog kupusa
- 1 manja mrkva, oguljena i narezana na julien
- $\frac{1}{2}$ šalice ribljeg ili pilećeg temeljca
- $\frac{1}{4}$ šalice soja umaka s niskim sadržajem natrija
- Sok od 1 limuna (oko 3 žlice)
- 1 leptir pastrva (2 funte)
- 1 žličica svježeg origana
- 1 žličica soli
- 1 žličica svježe mljevenog crnog papra
- Kuhana bijela riža

a) Zagrijte 2 žlice ulja u velikoj tavi ili woku na srednje jakoj vatri. Pržite gljive, češnjak i čili čili uz miješanje 3 do 4 minute; dodajte kupus i mrkvu, te uz miješanje pržite još 4 do 5 minuta dok se povrće dobro ne zagrije.

b) Ulijte temeljac i reducirajte za trećinu, oko 5 minuta. Dodajte sojin umak, promiješajte i smanjite temperaturu na nisku da ostane topla.

c) Preostalu 1 žlicu ulja i limunov sok pokapajte po leptir ribi i začinite origanom, soli i paprom.

d) Učvrstite začinjenu ribu u košaru od žičane mreže. Položite košaru na roštilj i pecite 4 do 5 minuta; okrenite i kuhajte još 5 minuta, ili dok meso ne postane neprozirno.

e) Izvadite ribu iz košare; Podijelite ga na dva dijela i žlicom prelijte toplim umakom. Poslužite odmah s bijelom rižom.

15.   Smuđ na žaru s crvenom narančom

Sastojci:

- 2 funte fileta smuđa (4 do 8 fileta, ovisno o veličini)
- Sok od $\frac{1}{2}$ naranče (oko 4 žlice)
- 1 žlica čistog javorovog sirupa
- $\frac{1}{2}$ žličice morske soli
- Nasjeckani mladi luk za ukras
- Salata od krvavih naranči
- Kuhani bulgur ili biserni ječam

a) Pomiješajte filete, sok od naranče, javorov sirup i sol u posudi. Pokrijte i stavite u hladnjak na 30 minuta.

b) Zagrijte roštilj.

c) Filete izvadite iz posude, osušite i stavite na nauljeni roštilj. Kuhajte 3 do 4 minute. Okrenite i pecite još 4 minute, ili dok fileti ne postanu čvrsti na dodir.

d) Ukrasite mladim lukom. Poslužite odmah uz salatu od krvave naranče i bulgur.

16.   Sudak na žaru s grožđem

Sastojci:

- 1½ do 2 funte fileta sudaka
- 2½ šalice čupave grive
- ½ šalice smrznutog soka od bijelog grožđa
- ½ šalice likera s okusom naranče
- 4 žlice neslanog maslaca
- 1 šalica kuglastog grožđa, prerezanog na pola
- 2 žlice svježe mljevenog crnog papra
- Korica 1 naranče

a) Rešetku i stranu s kožom fileta premažite uljem. Filete kuhajte 4 do 5 minuta. Okrenite i kuhajte još 3 do 4 minute, ili dok meso ne postane čvrsto na dodir. Prebacite na policu za zagrijavanje i držite na toplom.

b) U međuvremenu, da biste napravili umak, pirjajte gljive na maslacu u laganoj posudi za umake dok gljive ne omekšaju. Dodajte sok od grožđa i liker. Pojačajte vatru na srednje jaku i kuhajte 5 do 6 minuta ili dok se tekućina ne smanji za otprilike jednu trećinu.

c) Dodajte grožđe i papar i ½ kore i miješajte 1 do 2 minute.

d) Sudak podijelite na četiri dijela. Prelijte umak na četiri tanjura i na njih posložite filete.

e) Ukrasite ostatkom narančine korice i odmah poslužite.

17.   Hoisin-Grilled Coho

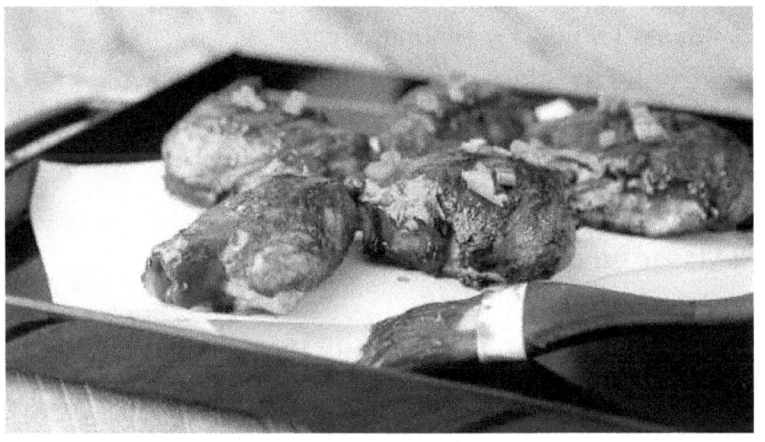

Sastojci:

- Korica od 1 limuna i sok od $\frac{1}{2}$ limuna
- $\frac{1}{4}$ šalice soja umaka s niskim sadržajem natrija
- 2 žlice mljevenog crnog papra u zrnu
- 2 kilograma fileta cohoa
- $\frac{1}{2}$ šalice hoisin umaka
- Nasjeckani vlasac za ukras
- Sjeckana crvena paprika za ukras

a) Pomiješajte limunovu koricu i sok, sojin umak i papar u zrnu u maloj posudi.

b) Filete prelijte marinadom i ostavite u hladnjaku 30 minuta.

c) Zagrijte roštilj.

d) Filete izvadite iz marinade, ocijedite i osušite. Kistom za podmazivanje premažite polovinu hoisin umaka s obje strane cohoa.

e) Stavite filete izravno na vatru i kuhajte 4 minute. Premažite preostalim umakom i okrenite. Kuhajte još 4 minute, ili dok ne omekša na dodir. Pecite ribu na roštilju kraće za rijetku, duže za dobro pečenu.

f) Ribu podijelite na četiri tanjura, ukrasite vlascem i crvenom paprikom i odmah poslužite.

18.   Halibut na žaru u kokosovom mlijeku

Sastojci:

- 4 odreska iverka, debljine 1 inč, oko 2 funte
- 1 žlica biljnog ulja
- 4-6 češnja češnjaka, sitno nasjeckanog
- $\frac{1}{4}$ šalice sitno nasjeckanog svježeg đumbira
- $\frac{1}{4}$ šalice sitno nasjeckane jalapeño papričice
- 1-2 fileta inćuna nasjeckanih
- $\frac{3}{4}$ šalice pilećeg temeljca
- $\frac{1}{2}$ šalice kokosovog mlijeka, nezaslađenog
- 1/3 šalice umaka od rajčice
- $\frac{1}{4}$ šalice tamnog soja umaka
- Svježe mljeveni crni papar
- $\frac{1}{2}$ rajčice, narezane na kockice
- 1 žlica čistog javorovog sirupa
- 2 šalice rižinih rezanaca
- 1 žlica sezamovog ulja
- 6–8 većih mladog luka
- kriške limuna

a) Pecite iverak na nauljenoj rešetki otprilike tri četvrtine željenog vremena, 3 do 4 minute po strani.

b) Zagrijte ulje u velikom loncu ili woku i pirjajte češnjak, đumbir, jalapeño papričice i inćune na srednjoj vatri 3 do 4 minute.

c) Dodajte temeljac, kokosovo mlijeko, umak od rajčice, sojin umak i crni papar po ukusu; kuhajte na srednjoj vatri 7 do 8 minuta ili dok se ne smanji na pola. Dodajte rajčicu narezanu na kockice i pirjajte još 3 do 4 minute.

d) Pirjajte rezance na sezamovom ulju dok se ne zagriju. Dodajte otprilike jednu trećinu umaka iz tave i promiješajte.

e) Položite tople odreske iverka na žaru u tavu s preostalim umakom, žlicom prelijte odreske umakom i okrenite ih da se premažu.

f) Pospite mladi luk po iverku i poslužite s rezancima i kriškama limuna.

19. **Pompano s karijem na žaru**

Sastojci:

- 1 žlica maslinovog ulja
- 1 srednji luk, sitno nasjeckan (oko 1 šalica)
- 4-5 češnja češnjaka, sitno nasjeckanog
- 1 žlica sitno nasjeckanog galangala (ili đumbira)
- $\frac{1}{2}$ šalice svijetlog kokosovog mlijeka
- 2 štapića limunske trave, izgnječene (ili 2 široke trake limunove korice)
- 1 žličica čilija u prahu (ili ljuti umak po ukusu)
- 1 žličica curry praha
- 1 žličica mljevene kurkume
- $\frac{1}{2}$ žličice mljevenog cimeta
- $1\frac{1}{2}$ funte pompano fileta, debljine oko 1 inča
- Sok od $\frac{1}{2}$ limuna (oko $1\frac{1}{2}$ žlice)
- kriške limuna

a) Zagrijte ulje u velikoj tavi na srednje jakoj vatri. Pirjajte luk, češnjak i galangal 3 do 4 minute.

b) Dodajte kokosovo mlijeko, limunsku travu, čili u prahu, curry u prahu, kurkumu i cimet. Kuhajte oko 5 minuta, odnosno dok se tekućina ne reducira za trećinu. Smanjite toplinu na najnižu.

c) Zagrijte roštilj.

d) Filete položite na nauljeni roštilj, pokapajte ih limunovim sokom i pecite 4 do 5 minuta. Okrenite i pecite još 4 do 5 minuta, ili dok riba ne postane čvrsta na dodir.

e) Filete skinite s roštilja, prelijte toplim umakom, podijelite na četiri dijela i odmah poslužite s kriškama limuna.

20.   Šad na žaru sa smrččima

Sastojci:

- 2 žlice neslanog maslaca
- 1 žličica maslinovog ulja
- 2 šalice očišćenih i narezanih smrčaka
- $\frac{1}{2}$ žličice morske soli
- 1 žlica svježe mljevenog crnog papra
- 1 žlica rakije
- 1 file bez kostiju, oko 1 funta

a) Otopite maslac u loncu srednje veličine na srednje jakoj vatri. Dodajte ulje i pirjajte smrčke, sol i papar 8 do 10 minuta (12 do 15 minuta ako su veliki), pokriveni.

b) Otklopite, dodajte brandy, ako koristite, i smanjite za otprilike jednu trećinu, 2 do 3 minute. Ugasite vatru, ali držite na laganoj vatri.

c) Stavite filet na nauljeni roštilj. Kuhajte 4 do 5 minuta; okrenite i kuhajte još 4 do 5 minuta, ili dok riba ne postane neprozirna. Prepolovite i prebacite na dva topla tanjura. Žlicom zalijte smrčke sa strane.

21.   Dimljena vahnja i Chutney od rajčice

Sastojci:

- 3 x 175 g dimljenih fileta baka
- 30 malih gotovih čaša za tartlete

Prženi sir

- 325 g jakog sira Cheddar
- 75 ml mlijeka
- 1 žumanjak
- 1 cijelo jaje
- 1/2 žlice senfa u prahu
- 30 g glatkog brašna
- 1/2 žličice Worcester umaka, Tabasco umaka
- 25 g svježih bijelih krušnih mrvica
- Začin

Chutney od rajčice

- 15 g korijena đumbira
- 4 crvena čilija
- 2 kg crvenih rajčica
- 500 g jabuka, oguljenih i nasjeckanih
- 200 g sultanije
- 400 g sitno nasjeckane ljutike
- Sol
- 450 g smeđeg šećera
- 570 ml sladnog octa

Upute

a) Ostak dobro začinite i stavite u pećnicu na malo maslinova ulja te pecite oko 5-6 minuta.

b) Sir naribati i dodati u šerpu sa mlijekom i lagano zagrijati u šerpi dok se ne otopi, skinuti sa vatre i ohladiti.

c) Dodajte cijelo jaje i žumanjak, senf, krušne mrvice i malo Worcestera i Tabasca, začinite i ostavite da se ohladi.

d) Oljuštite vahnju kako biste uklonili sve kosti i stavite ajvar na dno torti, a na vrh stavite ribu u pahuljicama. Prethodno zagrijte roštilj na jaku temperaturu i na vrh bahke stavite komadić i stavite ga ispod roštilja dok na vrhu ne porumeni.

e) Skinite baklju s roštilja i odmah poslužite.

22.   Ukusan dimljeni Halibut

Poslužuje 6

Sastojci:

- 4 (6-unce/170 g) odreska iverka
- 1 šalica ekstra djevičanskog maslinovog ulja
- 2 žličice košer soli
- 1 žličica svježe mljevenog crnog papra
- $\frac{1}{2}$ šalice majoneze
- $\frac{1}{2}$ šalice slatkog kiselog krastavca
- 1 šalica sitno nasjeckanog slatkog luka
- 1 šalica nasjeckane pečene crvene paprike
- 1 šalica sitno nasjeckane rajčice
- 1 šalica sitno nasjeckanog krastavca
- 2 žlice Dijon senfa
- 1 žličica mljevenog češnjaka

a) Odreske iverka namažite maslinovim uljem i posolite i popaprite s obje strane. Prebacite na tanjur, pokrijte plastičnom folijom i ostavite u hladnjaku 4 sata.

b) Opskrbite svoju pušnicu drvenim peletima i slijedite specifičan postupak pokretanja proizvođača. Prethodno zagrijte, sa zatvorenim poklopcem, na 200°F (93°C).

c) Izvadite iverak iz hladnjaka i namažite ga majonezom.

d) Stavite ribu izravno na rešetku roštilja, zatvorite poklopac i pustite da se dimi 2 sata ili dok ne postane neprozirna i termometar s trenutnim očitanjem umetnut u ribu ne pokaže 140°F (60°C).

e) Dok se riba dimi, pomiješajte kisele krastavce, luk, pečenu crvenu papriku, rajčicu, krastavac, Dijon senf i češnjak u srednjoj zdjeli. Ohladite senf relish dok ne bude spreman za posluživanje.

f) Poslužite odreske iverka vruće uz okus senfa.

23.   Dimljeni brancin s travom timijana

Služi 4

Sastojci:
Marinada
- 1 čajna žličica Blackened Saskatchewan
- 1 žlica timijana, svježeg
- 1 žlica svježeg origana
- 8 češnja češnjaka, zgnječenog.
- 1 limun, sok
- 1 šalica ulja Brancin
- 4 fileta brancina bez kože

Začin od piletine
- Začin morskim plodovima (poput Old Baya)
- 8 žlica zlatnog maslaca

Za ukras:
- Timijan
- Limun

a) Napravite marinadu: U Ziploc vrećicu pomiješajte sastojke i promiješajte. Dodajte filete i marinirajte 30 minuta u hladnjaku. Okreni jednom.

b) Zagrijte roštilj na 325F sa zatvorenim poklopcem.

c) U posudu za pečenje dodajte maslac. Ribu izvadite iz marinade i istresite u posudu za pečenje. Začinite ribu piletinom i plodovima mora. Stavite ga u posudu za pečenje i na roštilj. Kuhajte 30 minuta. Premažite 1 - 2 puta.

d) Uklonite s roštilja kada unutarnja temperatura bude 160F.

e) Ukrasite kriškama limuna i majčinom dušicom.

24. Cannellini i umak od dimljene bijele ribe

Prinos: 1 porcija

Sastojci

- 2 kriške bijelog sendvič kruha; kore uklonjene
- ⅔ šalica Mlijeko (bez masnoće) ili zamjena za mlijeko
- 1 limenka cannellini graha; ocijedi i ispere
- 1 funta dimljene bijele ribe
- 1 žličica mljevenog svježeg češnjaka
- 1 žličica sitno naribane korice limuna
- 2 žlice nasjeckanog svježeg začinskog bilja
- Sol i svježe mljeveni papar
- Umak od ljutih papričica u boci

a) Namočite kruh nekoliko minuta u mlijeko.

b) U sjeckalicu dodati grah, bijelu ribu, češnjak i koricu. Pulsirajte za grubo nasjeckati. Dodajte namočeni kruh i mlijeko i promiješajte dok ne postane glatko. Umiješajte začinsko bilje i začinite po ukusu solju, paprom i malo umaka od papra.

c) Čuvati poklopljeno i u hladnjaku do 5 dana.

25.   Vruće dimljena riba

Sastojci

- 2 žlice tamno smeđeg šećera
- 2 žlice košer soli
- $\frac{1}{2}$ žličice svježe mljevenog crnog papra
- $\frac{1}{2}$ žličice francuske mljevene crvene čili paprike
- 2 funte lososa s kožom

a) Pomiješajte šećer, sol, papar i čili papar, ako ga koristite, u maloj posudi. Ribu dobro osušite i natrljajte začinima. Ostavite da odstoji, nepokriveno, u hladnjaku 30 minuta.

b) Zagrijte roštilj i pripremite iverje ili piljevinu.

c) Kada je roštilj spreman za dimljenje, dimite ribu dok unutarnja temperatura ne dosegne 140°F (60°C); vrijeme će ovisiti o debljini ribe, ali počnite provjeravati nakon 1 sata.

d) Ako ne koristite termometar, zabodite najdeblji dio ribe; trebala bi se ljuštiti i djelovati neprozirno.

e) Ostavite ribu da se malo ohladi prije posluživanja.

26.   Soljeni i sušeni bakalar

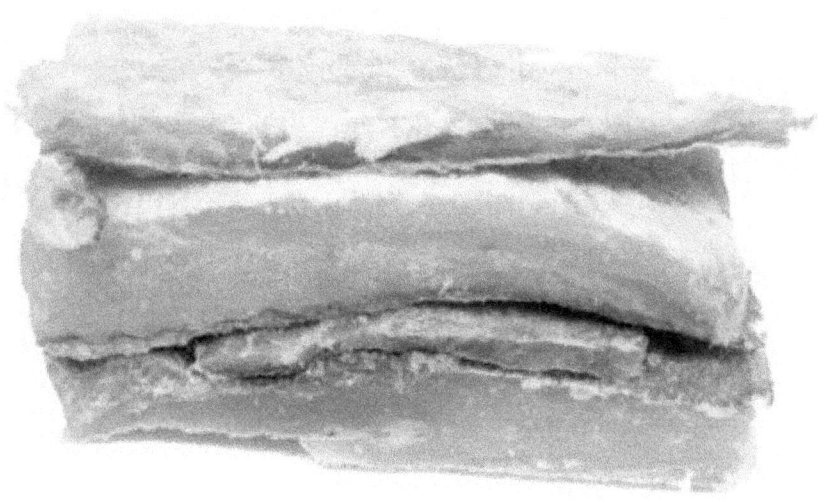

Sastojci

- 2 funte fileta bakalara, debljine $\frac{1}{2}$-$\frac{3}{4}$ inča
- 2 funte košer soli

a) Dno obrubljene posude za pečenje (dovoljno velike da u nju stane riba u jednom sloju) pospite dovoljno soli da vam se ne vidi dno. Položite riblje filete na vrh, bez dodirivanja, u jednom sloju. Prelijte sol po vrhu ribe kako biste je potpuno zakopali i nježno pritisnite sol kako biste bili sigurni da je cijela riba pokrivena.

b) Stavite ribu u hladnjak i ostavite da se suši u soli, nepokrivena, 4 dana ili dok ne postane kruta i stvrdnuta. Provjerite ribu tako da otkrijete jedan komad i opipate ga na najdebljem dijelu.

c) Izvadite ribu iz soli, ali ostavite sol koja se prirodno drži na površini. Odbacite preostalu sol koja je ostala u posudi.

d) vrijeme je za sušenje ribe. Preporučujem da to radite u dehidratoru jer je proces dugotrajan. Sušite ribu na 140°F (60°C) dok ne postane tvrda kao kamen, otprilike 3 dana, okrećući je svakih 12 sati ili tako nešto.

e) prije posluživanja, bacalao namočite 24 sata u dovoljno hladne vode iz slavine da ga potpuno prekrije, mijenjajući vodu svakih 8 sati. Ocijedite ribu i osušite je prije kuhanja.

JAKONSKE KARCEPE NA ŽARU

27. Ražnjići s plodovima mora glazirani jabukama

Prinos: 6 porcija

Sastojci
- 1 konzerva koncentrata soka od jabuke
- 1 žlica maslaca i Dijon senfa
- 1 veća slatka crvena paprika
- 6 segmenata slanine
- 12 Morske kapice
- 1 funta škampi bez ljuske i koštica (oko 36)
- 2 žlice svježeg peršina nasjeckanog na kockice

Upute
a) U dubokom, teškom loncu kuhajte koncentrat soka od jabuke na jakoj vatri 7-10 minuta ili dok se ne reducira na otprilike $\frac{3}{4}$ šalice. Maknite s vatre, umiješajte maslac i senf dok ne postane glatko. Staviti na stranu. Papriku prerežite na pola Izvadite sjemenke i peteljku, a papriku narežite na 24 dijela. Segmente slanine prerežite poprečno na pola i svaku jakobovu kapicu zamotajte u komad slanine.

b) naizmjenično nabodite papriku, jakobove kapice i škampe na 6 ražnjića. Ražnjiće stavite na nauljenu rešetku za roštilj. Pecite na umjereno jakoj vatri 2-3 minute, podlijevajući glazurom od jabučnog soka i često okrećući, sve dok jakobove kapice ne postanu neprozirne, škampi ružičasti, a papar omekša. Poslužite posuto peršinom.

28. Jumbo jakobove kapice na žaru od citrusa

Prinos: 4 porcije

Sastojci
- Otopljeni maslac, po potrebi
- Svježi peršin, narezan na kockice
- 12 Jumbo jakobovih kapica, prepolovljenih
- 1 šalica vode
- $\frac{1}{4}$ Limun, iscijeđen
- 1 šalica Chardonnaya
- 1 žlica maslaca
- 2 žličice meda
- prstohvat soli
- $\frac{1}{2}$ režnja češnjaka, narezanog na kockice
- Kukuruzni škrob, otopljen u vodi

Upute
a) U malom loncu pomiješajte vodu, vino, sok, maslac, med s paprikom i češnjakom.
b) Stavite na umjerenu vatru; smanjite na skoro polovicu, često miješajući. Dodajte otopinu kukuruznog škroba u gustoću po ukusu.
c) Maknite s topline; držati na toplom.
d) Pecite jakobove kapice na žaru na vrućem ugljenu, često ih premažući otopljenim maslacem. Kuhajte po ukusu. Izvadite jakobove kapice s roštilja.
e) Na svaki tanjur stavite 6 polovica jakobove kapice. Jakobove kapice prelijte umakom od citrusa i ukrasite peršinom.

29. Med-Kajenske morske kapice

Sastojci:

- $\frac{1}{2}$ šalice (1 štapić) maslaca, otopljenog
- $\frac{1}{4}$ šalice meda
- 2 žlice mljevenog kajenskog papra
- 1 žlica smeđeg šećera
- 1 žličica češnjaka u prahu
- 1 žličica luka u prahu
- $\frac{1}{2}$ žličice soli
- 20 morskih kapica (oko 2 funte)

Upute:

a) U maloj zdjeli pjenasto izmiješajte maslac, med, kajenski paprikaš, smeđi šećer, češnjak u prahu, luk u prahu i sol.

b) Jakobove kapice stavite u jednokratnu posudu za pečenje od aluminijske folije i prelijte ih začinjenim maslacem od meda.

c) Postavite tavu na rešetku za dimljenje i dimite školjke oko 25 minuta, dok ne budu neprozirne i čvrste, a unutarnja temperatura dima ne dosegne 130°F.

d) Uklonite jakobove kapice iz Preferred Wood Pellet i poslužite vruće.

30.   Azijske morske kapice na žaru

Prinos: 4 porcije

Sastojak

- 2 funte morskih kapica; isprati i osušiti
- $\frac{1}{4}$ šalice jabučnog cidera
- $\frac{1}{4}$ šalice svijetlog soja umaka
- $\frac{1}{4}$ šalice balzamičnog octa
- $\frac{1}{2}$ unce sezamovog ulja
- 2 stabljike mladog luka; nasjeckan sitno
- 2 žlice svježeg korijena đumbira; mljeveno
- 1 žlica Hoisin umaka
- 1 veliki češanj češnjaka; mljeveno
- 1 srednji Jalapeno; mljeveno
- 1 žličica ljute papričice
- $\frac{1}{2}$ žličice bijelog papra
- 1 crtica košer soli

a) Za marinadu, umutite sve mokre i suhe sastojke dok se ne sjedine, dodajte mladi luk. Jakobove kapice stavite u veliku plastičnu vrećicu za pohranu, prelijte ih marinadom. Stavite u hladnjak na 4 sata.

b) Izvadite jakobove kapice iz plastične vrećice i stavite ih na papirnate ručnike da se osuše marinada prije nego što zapalite roštilj. Drveni ugljen stavite u oblik piramide i zapalite tekućinom za upaljač, električnim starterom ili starterom za dimnjak. Pričekajte dok ugljen ne posijedi i rasporedite ga u jednom sloju za metodu izravnog zagrijavanja.

c) Poprskajte rešetku neljepljivim sprejom i pustite je da se zagrije na vrućem ugljenu (što je rešetka toplija, manje su šanse da će se hrana zalijepiti). Stavite jakobove kapice na rešetku ili za najbolje rezultate upotrijebite podmazanu košaru za pečenje povrća i ribe.

d) Košare su dostupne u većini robnih kuća u odjelima za slobodno vrijeme na otvorenom. Pecite na roštilju 3 minute, podlijte marinadom i okrenite, pecite na roštilju 2-3 minute, ponovno podlijte marinadom dok ne bude gotovo. Jakobove kapice se kuhaju vrlo brzo, ukupno ne bi trebalo više od 6 minuta kuhanja.

31. Jakobove kapice i avokado na žaru s okusom kukuruza

Prinos: 1 porcija

Sastojak

- 8 Haas avokada; oguljene, sjemenke i pasirane
- 4 klipa kukuruza; blanširan; na ugljenu
- 1 žličica korijandera u prahu
- 1 žličica kumina u prahu
- 2 crvena luka; sitno nasjeckan
- 6 rajčica šljive; sjemenki i kockicama
- 1 hrpa korijandera; lišće samo, sitno; nasjeckana
- 3 limuna; sok od, do 4
- 6 žlica dobrog maslinovog ulja
- Sol i mljeveni crni papar
- 1 paket tortilja od brašna kupljenih u supermarketu
- $\frac{1}{4}$ litre kukuruznog ulja
- Sol i mljeveni crni papar

a) Tortilja prelivena kukuruznim ukusom: Pomiješajte sve sastojke. Ne stavljajte u multipraktik. Trebao bi biti zdepast. Začiniti po želji.

b) Tortilja: Svaku tortilju iscijepajte na pet nazubljenih dijelova. Nemojte rezati na uredne trokute. Pržite na zagrijanom ulju dok ne porumene i hrskaju, ocijedite na kuhinjskom papiru.

c) Začinite i odložite u hermetički zatvorenu plastičnu posudu do upotrebe.

d) Jakobova kapica: 1 velika jakobova kapica ulovljena roniocem po osobi, vodoravno prerezana na dva dijela, kuhana na maslacu 30 sekundi sa svake strane neposredno prije posluživanja.

e) Prezentacija: 2 komada tortilje u 22 i 14 sati prelivene salsom, prelivene polovicom jakobove kapice. Kapljice gustog ulja bosiljka oko tanjura.

32. Miso marinirane jakobove kapice na žaru s hijiki salatom

Prinos: 4 porcije

Sastojak
- $\frac{1}{2}$ šalice sakea
- $\frac{1}{4}$ šalice Canola ulja
- $\frac{1}{2}$ šalice svijetle miso paste
- 2 žlice mljevenog đumbira
- 2 žlice šećera
- 1 žličica krupno mljevenog crnog papra
- 12 velikih Jakobovih kapica
- Hijiki salata

a) Pomiješajte sve sastojke za marinadu i marinirajte jakobove kapice poklopljene i ostavite u hladnjaku 4 do 6 sati. Velike jakobove kapice mogu se marinirati i preko noći.
b) Na užarenom roštilju narežite jakobove kapice s obje strane.
c) Trebalo bi se poslužiti srednje do srednje pečeno.
d) Poslužite 3 jakobove kapice na malom brežuljku Hijiki salate.
e) Ovaj recept daje 4 porcije.

33. Salata od morskih kapica na žaru s preljevom od papaje

Prinos: 4 porcije

Sastojak

- ¼ Papaja, uklonjene sjemenke
- 1 funta školjki Sredozemnog mora
- 3 šalice (do 4 šalice) različite zelene salate
- 1 žličica maslinovog ulja
- Posolite i popaprite po ukusu
- 2 žlice maslinovog ulja
- 2 žličice soka od limuna
- 1 žlica čiste papaje
- 1 žlica nasjeckanog bosiljka
- 1 žlica rajčice, narezane na kockice
- Posolite i popaprite po ukusu

a) Večer prije pripremite čistu papaju i marinirajte jakobove kapice.

b) Ogulite i krupno nasjeckajte papaju, stavite je u blender i smanjite na čistoću. Premažite jakobove kapice s 1 žlicom pirea (preostalu žlicu za dresing stavite u hladnjak) i marinirajte ih u hladnjaku preko noći.

c) Kad ste spremni za pripremu salate, zelje operite i osušite te rasporedite po tanjurima za salatu. Pripremite preljev.

d) Pomiješajte ulje, limunov sok, ostatak čiste papaje, bosiljak i rajčicu.

e) Začinite po ukusu solju i paprom. Preljev nemojte hladiti u hladnjaku. Koristite ga odjednom, na sobnoj temperaturi. Čini ⅓šalice.

f) Neposredno prije posluživanja, jakobove kapice premažite maslinovim uljem, posolite i popaprite po ukusu i ispecite jakobove kapice na vrućem mesquitu ili drvenom ugljenu ili ih pirjajte oko 1 minutu sa svake strane. Nemojte ih prekuhati. Oko zelja posložite jakobove kapice, prelijte dresingom i odmah poslužite.

LOSOS NA ŽARU

34.   Alaska BBQ losos

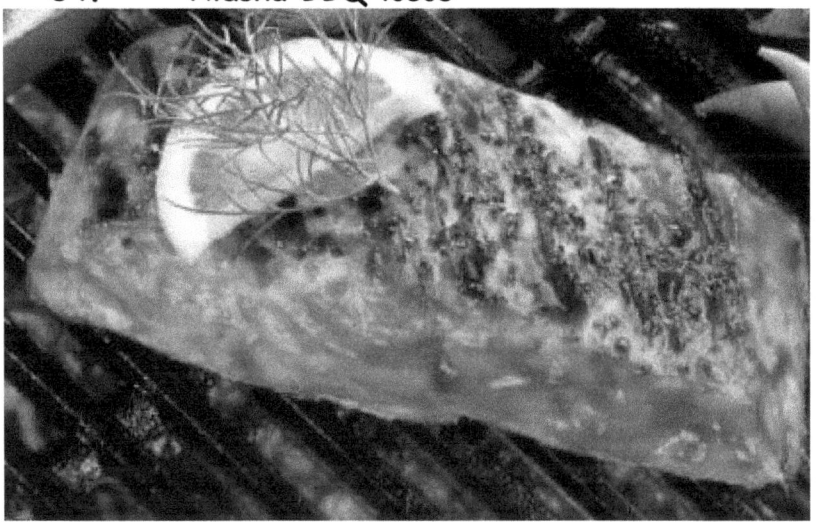

Prinos: 1 porcija

Sastojci
- 1 cijeli obrađeni losos
- Sol i papar
- 2 žlice omekšalog maslaca
- $\frac{1}{2}$ segmentiranog luka
- $\frac{1}{2}$ segmentiranog limuna
- Nekoliko grančica peršina
- Kukuruzno ulje

Upute
a) Operite ribu i osušite. pospite solju i paprom i pokažite maslacem.

b) Rasporedite preklapajuće segmente luka, limuna i peršina u šupljinu ribe; premažite ribu uljem. Zamotajte u čvrstu aluminijsku foliju, zalijepite rubove dvostrukim preklapanjem. Stavite na roštilj na vrući ugljen; kuhajte, polako mijenjajući losos svakih 10 minuta.

c) Provjerite je li pečeno nakon 45 minuta umetanjem termometra za meso u najdeblji dio. Kuhajte na unutarnjoj temperaturi od 160.

d) Za posluživanje premjestite ribu na zagrijani pladanj; preklopna stražnja folija. Širokom lopaticom zarezati između kosti i mesa; podignite svaki dio. Poslužite sa žutim umakom.

35. Odresci lososa na žaru od inćuna

Prinos: 4 porcije

Sastojci
- 4 odreska lososa
- Grančice peršina
- kriške limuna

Maslac od inćuna
- 6 fileta inćuna
- 2 žlice mlijeka
- 6 žlica maslaca
- 1 kap Tabasco umaka
- Papar

Upute
a) Prethodno zagrijte roštilj na visoku temperaturu. Nauljite rešetku roštilja i stavite svaki odrezak kako biste osigurali ravnomjernu toplinu. Na svaki odrezak stavite komadić maslaca od inćuna (četvrtinu smjese podijelite na četiri dijela). Pecite na roštilju 4 minute.

b) Okrenite odreske s komadom ribe i stavite drugu četvrtinu maslaca među odreske. Pecite na roštilju s druge strane 4 minute.

c) Smanjite vatru i ostavite da se kuha još 3 minute, manje ako su odresci tanki.

d) Poslužite s uredno posloženim komadom maslaca od inćuna na vrhu svakog odreska.

e) Ukrasite grančicama peršina i kriškama limuna.

f) Maslac od inćuna: sve filete inćuna namočite u mlijeko. Drvenom kuhačom mutiti u posudi dok ne postane kremasto. Pomiješajte sve sastojke i ohladite.

## 36.	Fileti dimljenog svježeg lososa

Sastojci:
- 1 file lososa (svježi, divlji, s kožom)
- 1/3 žličice začina Old Bay
- 1 čajna žličica osnovnog začina za plodove mora

Upute:
Pepping za roštilj
Filete lososa operite hladnom vodom i osušite papirnatim ručnikom
Lagano utrljajte začine na filete lososa
Pepping na pušnici Preferred Wood Pellet
Postavite roštilj za dimljenje Preferred Wood Pellet na neizravno kuhanje i prethodno zagrijte na 400°F
Filete stavite kožom prema dolje izravno na rešetke roštilja
Dimite filete lososa u pušnici dok unutarnja temperatura dima ne poraste na 140°F i vilica može lako odlomiti meso
Pustite losos da se odmori 5 minuta

37.   Kandirani dimljeni losos s narančom i đumbirom

Sastojci:

- Filet lososa (4 lbs, 1,8 kg.)

Marinada

- Smeđi šećer - ¼ šalice
- Sol - ½ žličice

The Rub

- Mljeveni češnjak - 2 žlice
- Naribani svježi đumbir – 1 žličica
- Naribana narančina korica – ½ žličice
- Kajenski papar - ½ žličice

Glazura

- Crveno vino - 2 žlice
- Tamni rum - 2 žlice
- Smeđi šećer - 1 ½ šalice
- Med – 1 šalica

Upute:

a) Pomiješajte sol sa smeđim šećerom i nanesite preko fileta lososa.

b) Natrljajte filete lososa mješavinom začina i ostavite sa strane.

c) Začinjeni losos stavite u pušnicu za pelete i dimite 2 sata.

d) Pomiješajte crno vino s tamnim rumom, smeđim šećerom i medom te miješajte dok se ne otopi. Baste.

38. Pacifički sjeverozapadni losos s umakom od limuna i kopra

Sastojci:

- 6 lb Chinook fileti lososa
- Posolite po ukusu
- 1 C maslaca, otopljenog
- 1 C soka od limuna
- 4 žlice osušeni korov kopra
- 1 žlica češnjak sol
- Crni papar po ukusu
- 4 C običnog jogurta

Upute:

a) Stavite filete lososa u posudu za pečenje.

b) Pomiješajte maslac i sok od 1/2 limuna u maloj posudi i pokapajte preko lososa. Posolite i popaprite.

c) Pomiješajte jogurt, kopar, češnjak u prahu, morsku sol i papar. Ravnomjerno rasporedite umak po lososu.

d) Vruću rešetku roštilja na pelete brzo obrišite ručnikom umočenim u malo ulja uljane repice, stavite filete na roštilj, pokrijte folijom i zatvorite poklopac.

e) Ribu pecite na roštilju, s kožom prema dolje, do srednje pečene, oko 6 minuta.

39. Divlji kraljevski losos na žaru

Sastojci:

- 1 jastog, $1\frac{3}{4}$ funte
- $\frac{1}{2}$ šalice otopljenog maslaca
- 2 kilograma fileta lososa
- $\frac{1}{4}$ šalice sitno nasjeckanog crvenog luka
- 3 žlice bijelog octa
- 2 žlice vode
- $\frac{1}{4}$ šalice gustog vrhnja
- 2 žlice sitno nasjeckanog svježeg estragona
- 4 žlice ($\frac{1}{2}$ štapića) maslaca
- Sol i svježe mljeveni crni papar
- Kriške limuna i sok
- Salata od krvavih naranči

a) Nakapajte maslac i limunov sok u šupljinu jastoga.

b) Položite jastoga na leđa na roštilj, preko posude za dimljenje. Zatvorite poklopac i pušite oko 25 minuta. Prebacite na dasku za rezanje i izvadite meso iz repa i kandži, a koralje i sve sokove ostavite u hladnjaku.

c) Da biste napravili beurre blanc, stavite luk, ocat i vodu da prokuhaju u srednje velikoj tavi na srednje jakoj vatri; smanjite vatru i kuhajte 3 do 4 minute, ili dok se ne smanji na pola. Dodajte vrhnje i estragon; pirjajte 1 do 2 minute ili dok se ne smanji na pola. Umutiti komadiće maslaca.

d) Pripremite roštilj i stavite losos na vruću stranu.

e) Dodajte komade jastoga i sok u lonac s beurre blanc, promiješajte i pojačajte vatru na srednje jaku. Pirjajte poklopljeno uz više puta miješanje 3 do 4 minute ili dok se meso jastoga sasvim ne zagrije.

40. **Losos na žaru s pancetom**

Prinos: 4 porcije

Sastojak

- 1 funta svježih gljiva Morel
- 2 luka; Mljeveno
- 1 češanj češnjaka; Mljeveno
- 10 žlica maslaca; Izrezati na komade
- 1 šalica suhog sherryja ili madeire
- 4 komada fileta lososa
- Maslinovo ulje
- Sol i svježe mljeveni papar
- 16 zeleni luk
- 4 žlice pancete; Narezano na kockice i podrezano

a) Pirjajte ljutiku i češnjak na 2 žlice maslaca na laganoj vatri dok ne omekšaju. Dodajte smrčke, pojačajte vatru i kuhajte 1 minutu. Dodajte šeri i smanjite na pola.

b) Umiješajte preostali maslac, radeći na vatri i van nje, dok ne postane emulgiran.

c) Zagrijte roštilj ili rebrastu gril tavu. Premažite filete lososa uljem i začinite solju i paprom. Prebacite losos u veliku tavu i pecite u pećnici 5 do 10 minuta.

d) Zagrijte tešku tavu srednje veličine na jakoj vatri. Dodajte nekoliko žlica maslinovog ulja. Dodajte mladi luk i pancetu. Kratko kuhajte, tresući posudu da se ne prže. Dodajte smjesu morela i promiješajte. Lagano začinite.

e) Stavite file lososa na sredinu toplog tanjura. Žlicom nanesite smjesu od smrčka po vrhu i sa strane.

41.   Začinjena juha od kokosa s lososom

Sastojak

- 1 150 g. komad lososa po osobi; (150 do 180)
- 1 šalica jasmin riže
- $\frac{1}{4}$ šalice zelenih mahuna kardamoma
- 1 žličica klinčića
- 1 žličica bijelog papra u zrnu
- 2 štapića cimeta
- 4 zvjezdasti anis
- 2 žlice ulja
- 3 luka; sitno nasjeckan
- $\frac{1}{2}$ desertne žlice kurkume
- 1 litra kokosovog mlijeka
- 500 mililitara kokosovog vrhnja
- 6 velikih zrelih rajčica
- 1 žlica smeđeg šećera
- 20 mililitara ribljeg umaka
- Posolite po ukusu
- 2 žlice garam masale

a) Garam Masala: Osušite začine odvojeno u tavi. Pomiješajte sve začine u mlincu za kavu ili mužaru i tučkom i sameljite.

b) Začinjena juha od kokosa: Zagrijte ulje u velikoj tavi i dinstajte luk dok ne bude proziran. Dodajte kurkumu i đumbir i kuhajte na laganoj vatri oko 20 minuta, a zatim dodajte preostale sastojke. Zagrijte do vrenja.

c) Dok se temeljac kuha, skuhajte losos i jasmin rižu. Losos treba biti pečen na žaru.

42. Losos na žaru na papriki sa špinatom

Porcije: 6 porcija

Sastojci

- 6 fileta ružičastog lososa, debljine 1 inča
- ¼ šalice soka od naranče, svježe iscijeđenog
- 3 žličice suhe majčine dušice
- 3 žlice ekstra djevičanskog maslinovog ulja
- 3 žličice slatke paprike u prahu
- 1 žličica cimeta u prahu
- 1 žlica smeđeg šećera
- 3 šalice listova špinata
- Posolite i popaprite po ukusu

Upute:

a) Lagano premažite malo maslina sa svake strane fileta lososa, zatim začinite paprikom u prahu, soli i paprom. Ostaviti 30 minuta na sobnoj temperaturi. Dopustite da losos upije utrljanu papriku.

b) U maloj posudi pomiješajte sok od naranče, sušeni timijan, cimet u prahu i smeđi šećer.

c) Zagrijte pećnicu na 400F. Prebacite losos u lim za pečenje obložen folijom. Ulijte marinadu u losos. Kuhajte losos 15-20 minuta.

d) U veliku tavu dodajte žličice ekstra djevičanskog maslinovog ulja i kuhajte špinat oko nekoliko minuta ili dok ne uvene.

e) Pečeni losos poslužite sa špinatom sa strane.

43.   Filet lososa s kavijarom

Služi za 4 osobe

Sastojci
- 1 žličica soli
- 1 kriške limete
- 10 ljutika (luka) oguljenih
- 2 žlice sojinog ulja (ekstra za četkanje)
- 250 grama cherry rajčica prepolovljenih
- 1 mali zeleni čili narezan na tanke ploške
- 4 žlice soka od limete
- 3 žlice ribljeg umaka
- 1 žlica šećera
- 1 šaka grančica korijandera
- 1 1/2 kg svježeg fileta lososa s/on b/out
- 1 staklenka ikre lososa (kavijar)
- 3/4 krastavca oguljenog, prepolovljenog uzduž, bez sjemenki i tanko narezanog

Upute
a) Zagrijte pećnicu na 200°C, ali narezani krastavac u keramičkoj zdjeli, posolite, ostavite sa strane 30 minuta da se ukiseli.

b) Stavite šalotke u manju posudu za pečenje, dodajte sojino ulje, dobro promiješajte i stavite u pećnicu na 30 minuta, dok ne omekšaju i dobro porumene.

c) Izvadite iz pećnice i ostavite da se ohladi, a za to vrijeme posoljeni krastavac dobro operite pod mlazom hladne vode, ocijedite u pune šake i stavite u zdjelu.

d) Zagrijte roštilj pećnice na jako vruće, prepolovite ljutiku i dodajte je krastavcu.

e) Dodajte rajčice, čili, sok od limete, riblji umak, šećer, grančice korijandera i sezamovo ulje i dobro promiješajte.

f) Kušajte – po potrebi prilagodite slatkoću, šećerom i sokom limete – ostavite sa strane.

g) Stavite losos na nauljeni papir za pečenje, vrh lososa premažite sojinim uljem, začinite solju i paprom, stavite pod roštilj na 10 minuta ili dok se ne skuha i lagano porumeni.

h) Izvadite iz pećnice, stavite na pladanj, pospite mješavinom rajčice i krastavaca i žlicom ikre od lososa.

i) Poslužite s kriškama limete i rižom

44. Odresci lososa na žaru od inćuna

Prinos: 4 porcije

Sastojak
- 4 odreska lososa
- Grančice peršina
- kriške limuna

Maslac od inćuna
- 6 fileta inćuna
- 2 žlice mlijeka
- 6 žlica maslaca
- 1 kap Tabasco umaka
- Papar

Upute
a) Prethodno zagrijte roštilj na visoku temperaturu. Nauljite rešetku roštilja i stavite svaki odrezak kako biste osigurali ravnomjernu toplinu. Na svaki odrezak stavite komadić maslaca od inćuna (četvrtinu smjese podijelite na četiri dijela). Pecite na roštilju 4 minute.

b) Odreske okrenite ribljom kriškom, a drugu četvrtinu maslaca stavite među odreske. Pecite na roštilju s druge strane 4 minute. Smanjite vatru i ostavite da se kuha još 3 minute, manje ako su odresci tanki.

c) Poslužite s uredno posloženim komadom maslaca od inćuna na vrhu svakog odreska.

d) Ukrasite grančicama peršina i kriškama limuna.

e) Maslac od inćuna: sve filete inćuna namočite u mlijeko. U zdjeli mutite drvenom kuhačom dok ne postane kremasto. Pomiješajte sve sastojke i ohladite.

f) Služi 4.

45.   BBQ dimljeni losos

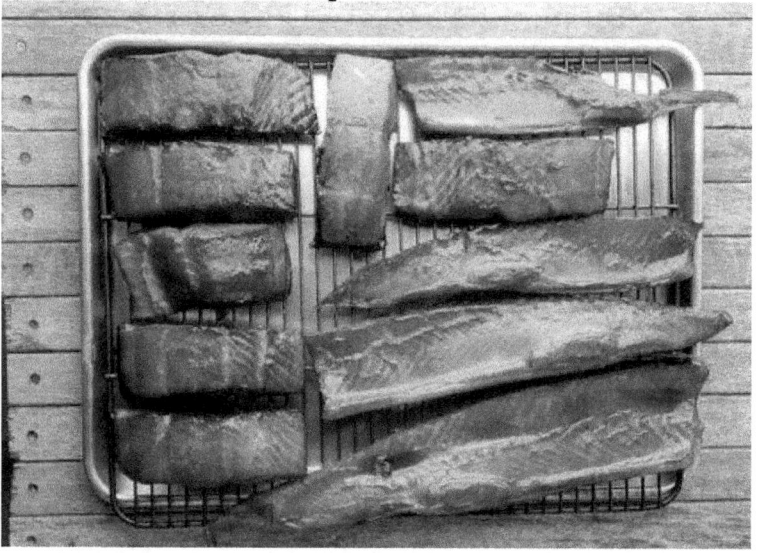

Prinos: 4 porcije

Sastojak
- 1 žličica naribane korice limete
- ¼ šalice soka od limete
- 1 žlica biljnog ulja
- 1 žličica Dijon senfa
- 1 prstohvat papra
- 4 odreska od lososa, debljine 1 inča [1-1/2 lb.]
- ⅓šalica Prženih sjemenki sezama

Upute
a) U plitkoj posudi pomiješajte koricu i sok limete, ulje, senf i papar; dodajte ribu, okrećući je prema kaputu. Pokrijte i marinirajte na sobnoj temperaturi 30 minuta uz povremeno okretanje.

b) Rezervirajte marinadu, uklonite ribu; posuti sezamom. Stavite na podmazani roštilj izravno na srednju vatru. Dodati namočene drvene sječke.

c) Pokrijte i kuhajte, okrećući i podlijevajući marinadom napola, 16-20 minuta ili dok se riba lako ne rasklima kada se isproba vilicom.

46.   Losos na ugljenu i crni grah

Prinos: 4 porcije

Sastojak

- ½ funte crnog graha; natopljena
- 1 mali luk; nasjeckana
- 1 mala mrkva
- ½ rebra celera
- 2 unce šunke; nasjeckana
- 2 jalapeño paprike; peteljke i narezane na kockice
- 1 češanj češnjaka
- 1 lovorov list; vezan zajedno sa
- 3 grančice timijana
- 5 šalica vode
- 2 režnja češnjaka; mljeveno
- ½ žličice ljute papričice
- ½ limuna; cijeđen sokom
- 1 limun; cijeđen sokom
- ⅓ šalica maslinovog ulja
- 2 žlice svježeg bosiljka; nasjeckana
- Odresci od lososa od 24 unce

Upute

a) Pomiješajte u velikom loncu grah, luk, mrkvu, celer, šunku, jalapeño, cijeli češanj češnjaka, lovorov list s majčinom dušicom i vodu. Kuhajte dok grah ne omekša, oko 2 sata, dodajući još vode koliko je potrebno da grah ostane pokriven.

b) Izvadite mrkvu, celer, začinsko bilje i češnjak te ocijedite preostalu tekućinu od kuhanja. Pomiješajte grah sa nasjeckanim češnjakom, listićima ljute papričice i sokom od $\frac{1}{2}$ limuna. Staviti na stranu.

c) Dok se mahune kuhaju pomiješajte sok od cijelog limuna, maslinovo ulje i listiće bosiljka. Prelijte odreske lososa i ostavite u hladnjaku 1 sat. Pecite losos na umjereno jakoj vatri 4-5 minuta sa svake strane, podlijevajući s malo marinade svake minute. Svaki odrezak poslužite s porcijom graha.

47. Aljaški losos pečen na vatrogasnom žaru

Prinos: 4 porcije

Sastojak

- 4 6 oz. odresci lososa
- $\frac{1}{4}$ šalice ulja od kikirikija
- 2 žlice soja umaka
- 2 žlice balzamičnog octa
- 2 žlice nasjeckanog mladog luka
- $1\frac{1}{2}$ čajna žličica smeđeg šećera
- 1 režanj češnjaka, samljeven
- $\frac{3}{4}$ žličice naribanog svježeg korijena đumbira
- $\frac{1}{2}$ žličice pahuljica crvenog čilija ili više
- Ukus
- $\frac{1}{2}$ žličice sezamovog ulja
- $\frac{1}{8}$ žličice soli

Upute

a) Odreske lososa stavite u staklenu posudu. Umutiti preostale sastojke i preliti preko lososa.

b) Pokrijte plastičnom folijom i marinirajte u hladnjaku 4 do 6 sati. Zagrijte roštilj. Izvadite losos iz marinade, premažite rešetku uljem i stavite losos na rešetku.

c) Pecite na žaru na srednje jakoj vatri 10 minuta po inču debljine, mjereno na najdebljem dijelu, okrećući na pola kuhanja, ili dok se riba samo ne pokvari kada se isproba vilicom.

48. Flash losos na žaru

Prinos: 1 porcija

Sastojak
- 3 unce lososa
- 1 žlica maslinovog ulja
- ½ limuna; sok od
- 1 žličica vlasca
- 1 žličica peršina
- 1 žličica svježe mljevenog papra
- 1 žlica soja umaka
- 1 žlica javorovog sirupa
- 4 žumanjka
- ¼ litre ribljeg temeljca
- ¼ litre bijelog vina
- 125 mililitara Dupla krema
- Vlasac
- Peršin

Upute
a) Tanko narežite losos i stavite ga u posudu s maslinovim uljem, javorovim sirupom, sojinim umakom, paprom i limunovim sokom na 10-20 minuta.
b) Sabayon: Umutite jaja nad vodenom kupkom. Reducirajte bijelo vino i riblji temeljac u tavi. Smjesu dodati bjelanjcima i umutiti. Dodajte vrhnje, i dalje muteći.
c) Stavite tanke kriške lososa na tanjur za posluživanje i pokapajte malo sabajona. Stavite ispod roštilja samo 2-3 minute.
d) Izvadite i odmah poslužite s komadićima vlasca i peršina.

49.　　Fettuccine s dimljenim lososom

Prinos: 6 porcija

Sastojak
- $\frac{1}{4}$ šalice maslaca
- $1\frac{1}{2}$ šalice 35% pravog vrhnja za šlag
- 2 žlice votke, po želji
- 8 unci Dimljeni losos, narezan na kockice
- $\frac{1}{2}$ žličice soli
- $\frac{1}{2}$ žličice papra
- 2 žlice svježeg kopra, nasjeckanog
- $\frac{3}{4}$ funte Fettuccine rezanci
- $\frac{1}{2}$ šalice parmezana, naribanog

a) U velikoj dubokoj tavi lagano otopite maslac. Dodajte vrhnje. Pustite da prokuha. Dodajte votku. Smanjite vatru i kuhajte na laganoj vatri 3-4 minute dok se malo ne zgusne.
b) Dodajte dimljeni losos, sol, papar i kopar. Maknite s vatre.
c) Kuhajte fettuccine u velikom loncu kipuće slane vode dok ne omekšaju. 4. Rezance dobro ocijediti. Ponovno zagrijte umak. U tavu s ljutim umakom stavite ocijeđene rezance. Lagano kuhajte na laganoj vatri dok umak ne prekrije rezance i postane gust i kremast.
d) Po želji pospite sirom. Kušajte i po potrebi prilagodite začine

50.   Domaći dimljeni losos

Prinos: 8 porcija

Sastojci
- 1 funta Fileti ili odresci lososa
- Čips od johinog drveta
- Pušač dimnjaka

a) Pripremite dimnjak s malom količinom ugljena dok namačete komadiće johe.

b) Kad se ugljen užari, ocijedite vodu iz čipsa, stavite čips na vrući ugljen, namjestite hvatač kapljica i rešetku i stavite losos izravno na rešetku. Zatvorite poklopac i ostavite 6 do 12 sati!

c) Riba će se kuhati na 130 do 140 stupnjeva, a vjerojatno će se ljuštiti kad je skinete s rešetke.

51.   Jerky od lososa

Sastojci

- 2 funte fileta lososa s kožom
- 4 velika češnja češnjaka, sitno nasjeckana
- 4 žličice sitno mljevenog svježeg đumbira
- 1 šalica soja umaka
- ¾ šalice čistog javorovog sirupa
- ¾ šalice soka od limuna
- Svježe mljeveni crni papar
- Neutralno ulje za kuhanje

a) Losos potpuno osušite tapkanjem i zamrznite ga oko 30 minuta kako bi se stvrdnuo i lakše ga narezali.

b) U međuvremenu pomiješajte češnjak, đumbir, sojin umak, javorov sirup i limunov sok u srednjoj posudi.

c) Narežite ribu na dugačke komade debljine ¼ do ⅓inča. Narežite po zrnu za mekše trzaje ili po zrnu za čvršće komade. Dodajte komade ribe u marinadu i ostavite ih, povremeno miješajući, 1 sat na sobnoj temperaturi.

d) Izvadite trake jednu po jednu iz marinade i položite ih da se osuše na papirnatim ručnicima u ravnom, jednom sloju. Za pikantan okus pospite ribu crnim paprom ili listićima crvene paprike. Sada je vrijeme za sušenje ribe.

52. Glazirani losos

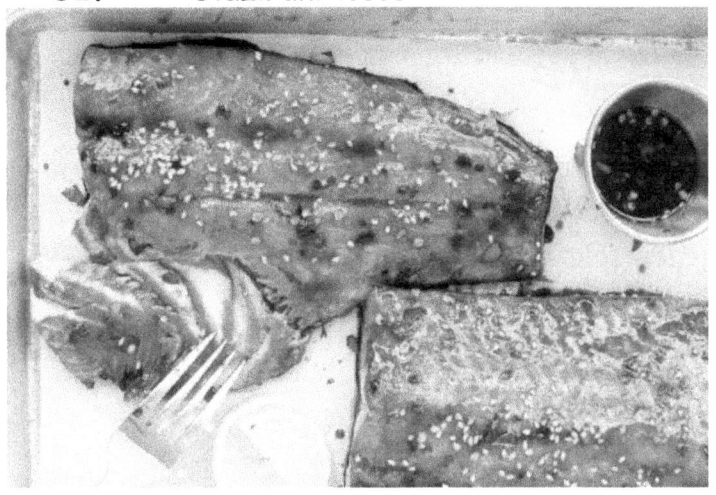

Porcije: 6

Sastojci:

- 1 ljutika, nasjeckana
- 1 žličica češnjaka u prahu
- $\frac{1}{4}$ šalice sirovog meda
- 1/3 šalice svježeg soka od naranče
- 1/3 šalice kokosovih aminokiselina
- 6 fileta lososa
- 1 žličica đumbira u prahu

Upute

a) Stavite sve sastojke u Ziploc vrećicu i zatvorite vrećicu.
b) Protresite vrećicu da prekrijete smjesu lososa.
c) Ostavite u hladnjaku oko 30 minuta, povremeno okrećući.
d) Zagrijte roštilj na srednju temperaturu. Namastite rešetku roštilja.
e) Izvadite losos iz vrećice za marinadu i ostavite ga sa strane.
f) Filete lososa stavite na rešetku i pecite oko 10 minuta.
g) Filete premažite odvojenom marinadom i pecite na roštilju još 5 minuta.

53. Dilana salata od lososa

Prinos: 6 obroka

Sastojak

- 1 šalica običnog nemasnog jogurta
- 2 žlice sitno nasjeckanog svježeg kopra
- 1 žlica crvenog vinskog octa
- Sol i svježe mljeveni papar
- 1 filet lososa od 2 lb (1" debljine) očišćen od kože i tetiva
- 1 žlica Canola ulja
- $\frac{1}{2}$ žličice soli
- $\frac{1}{2}$ žličice svježe mljevenog papra
- 1 srednji krastavac
- Zelena salata kovrčavog lista
- 4 zrele rajčice; sitno narezan
- 2 srednje crvene glavice luka; oguliti i tanko narezati te razdvojiti na kolutove
- 1 limun; prepolovljen po dužini i tanko narezan

Upute:

a) Napravite preljev: pomiješajte jogurt, kopar, ocat, sol i papar. Ohladiti. Napravite salatu: losos pospite s obje strane uljem, solju i paprom.

b) Zagrijte roštilj dok se jako ne zagrije. Stavite losos na roštilj i pecite ga pokrivenog dok ne postane ljuspica, oko $3\frac{1}{2}$ minute sa svake strane. Prebacite na tanjur za posluživanje i ostavite da odstoji najmanje 5 minuta. Izrežite na kriške od $\frac{1}{2}$ inča.

c) Stavite losos u zdjelu i prelijte dresingom. Pokrijte i ohladite. Neposredno prije posluživanja ogulite krastavac i prepolovite ga po dužini. Malom žličicom ostružite sredinu kako biste uklonili sjemenke. Tanko narežite.

d) Nabacite smjesu lososa u sredinu velikog pladnja obloženog listovima zelene salate. Okružite krastavcima, rajčicama, lukom i kriškama limuna. Po želji ukrasite dodatnim koprom.

HOBOTNICA NA ŽARU

54.   Hobotnica na žaru s pestom

Prinos: 1 porcija

Sastojci
- 2 kg hobotnice, očišćene
- 1 češanj češnjaka, zgnječen
- 2 žlice smeđeg šećera
- $\frac{1}{2}$ šalice crnog vina
- 1 žlica listova timijana limuna

Pesto majoneza:
- $\frac{1}{2}$ šalice majoneze od cijelog jaja
- $\frac{1}{4}$ šalice gotovog pesta

Upute
a) Stavite hobotnicu, češnjak, šećer, vino i timijan u posudu i marinirajte 1-2 sata. Kuhajte na vrućoj ploči za roštilj, redovito miješajući dok hobotnica ne bude kuhana i omekšana.

b) Za pripremu pesto majoneze - Pomiješajte majonezu i pesto. Poslužite s hobotnicom kao umak ili žlicom kao umak.

c) Hobotnicu stavite u mješavinu maslinova ulja, svježeg limunova soka, protisnutog češnjaka i svježeg peršina. Nakon čišćenja hobotnicu premažite salamurom i pecite 10 minuta.

d) Hobotnica će se sklupčati, a zatim poprimiti bordocrvenu boju koja izgleda vrlo privlačno u salati od češnjaka. Ako je hobotnica žilava, omekšajte prije kuhanja kuhajući na pari oko 4-5 minuta

55. Hobotnica od mente na roštilju

Prinos: 1 porcija

Sastojci

- 1 hobotnica od 3 do 5 funti s vrećicom, očima i crvenom kožom Izvadite
- $\frac{1}{2}$ šalice djevičanskog maslinovog ulja
- 1 limun, sok i korica
- 1 žlica zdrobljenih listića crvene paprike
- 1 hrpa svježeg origana; grubo narezan na kockice
- 1 žlica svježe mljevenog crnog papra
- 2 glave escarole
- $\frac{1}{2}$ šalice svježih listova mente
- 4 komada.

Upute

a) Zagrijte roštilj ili roštilj.

b) Hobotnicu stavite u hladnu vodu s čepom i prokuhajte. Smanjite vatru do laganog vrenja i kuhajte 35 do 40 minuta dok ne omekša

c) Izvadite, isperite i narežite u posudu za miješanje, promiješajte maslinovo ulje, limunovu koricu i sok, crvenu papriku, origano i crni papar. Komade hobotnice marinirajte 10 minuta i stavite na roštilj. Kuhajte dok ne postane hrskavo i lagano zapečeno, oko 5 minuta po strani.

d) Kad hobotnica ide na roštilj, očistite escarole od tankih vanjskih listova

e) Prepolovite po dužini i dobro isperite kako biste izvadili griz. Stavite prerezanu stranu prema dolje na roštilj i pecite dok se lagano ne zapeče, oko 3 do 4 minute s jedne strane. Okrenite i kuhajte još 2 minute i izvadite.

f) Izvadite hobotnicu i stavite je u salamuru, narežite škarama na komade veličine zalogaja i prelijte escaroleom, pospite svježom mentom i poslužite.

53.Sicilijanska mlada hobotnica na žaru

ČINI 4 PORCIJE

Sastojci
- $2\frac{1}{2}$ funte očišćene i smrznute mlade hobotnice
- 2 šalice punog crnog vina, npr
- Pinot Noir ili Cabernet Sauvignon
- 1 mali luk, narezan na ploške
- 1 žličica crnog papra u zrnu
- žličica cijelih klinčića
- 1 list lovora
- 1 šalica sicilijanske marinade od citrusa
- $\frac{3}{4}$ šalice otkoštenih i grubo nasjeckanih sicilijanskih ili Cerignola zelenih maslina
- 3 unce mladog lišća rikule
- 1 žlica nasjeckane svježe metvice
- Krupna morska sol i svježe mljeveni crni papar

Upute
a) Hobotnicu operite, a zatim stavite u lonac za juhu s vinom i toliko vode da prekrije. Dodajte luk, papar u zrnu, klinčiće i lovorov list. Pustite da zavrije na jakoj vatri, a zatim smanjite vatru na srednje nisku, pokrijte i lagano kuhajte dok hobotnica ne omekša dovoljno da nož može lako ući, 45 minuta do 1 sat.

b) Ocijedite hobotnicu i bacite tekućinu ili je procijedite i ostavite za temeljac od plodova mora ili rižoto. Kad se hobotnica dovoljno ohladi da se može rukovati, odrežite pipke na glavi.

c) Pomiješajte hobotnicu i marinadu u vrećici od 1 galona s patentnim zatvaračem. Istisnite zrak, zatvorite vrećicu i ostavite u hladnjaku 2 do 3 sata. Zapalite roštilj za izravnu srednje-visoku temperaturu, oko 450¼F.

d) Izvadite hobotnicu iz marinade, osušite i ostavite stajati na sobnoj temperaturi 20 minuta. Procijedite marinadu u lonac i pustite da lagano kuha na srednjoj vatri. Dodajte masline i maknite s vatre.

e) Namažite rešetku roštilja i premažite uljem. Pecite hobotnicu izravno na vatri dok se lijepo ne zapeče, 3 do 4 minute po strani, lagano pritiskajući hobotnicu da se dobro zapeče. Rasporedite rikulu na pladanj ili tanjure i nadjenite hobotnicu. Žlicom dodajte malo toplog umaka, uključujući dobru količinu maslina, na svako posluživanje. Pospite metvicom, solju i crnim paprom.

TUNA NA GRILU

54.Bayou tuna na žaru

Prinos: 1 porcija

Sastojci
- $\frac{3}{4}$ šalice morskih plodova u stilu Golden Cajun
- $1\frac{1}{2}$ funte odrezaka od tune

Upute
a) Prelijte ribu ravnomjerno slanom vodom u stilu Cajun, ostavite 20 do 30 minuta, okrećite je nekoliko puta.
b) Pecite na otvorenom roštilju na umjereno vrućem ugljenu. Podlijte i okrenite jednom. Riba je gotova kada je meso neprozirno.
c) Poslužite uz miješanu salatu, mahune i francuski kruh

55.Dimljena salamurena tuna

Sastojci:

- 3 funte fileta lososa (iz uzgoja)
- 2 šalice salamure od svježe ribe

Upute:

a) Filete narežite na veličine od 4 inča kako biste mogli kuhati jednakom brzinom

b) Stavite svinjske kotlete u plastičnu posudu koja se može zatvoriti i ulijte u posudu salamuru od svježe ribe

c) Pokrijte ga i stavite u hladnjak preko noći

d) Nakon tog vremena izvadite svinjske kotlete i osušite ih papirnatim ručnicima

e) Postavite Smoker grill na neizravno kuhanje

f) Filete lososa premjestite u podlogu od stakloplastike obloženu teflonom

g) Zagrijte pušnicu na 180°F i kuhajte dok unutarnja temperatura dima fileta lososa ne poraste na 145°F

56. Dimljena tunjevina u umaku

Sastojci:
- 10 unci odrezaka od tune (svježe)
- 1 šalica Teriyaki umaka

Upute:
a) Tunu narežite na veličine od 4 inča kako biste je mogli kuhati jednakom brzinom
b) Stavite odreske tune u plastičnu posudu koja se može zatvoriti i ulijte u posudu Teriyaki umak
c) Pokrijte ga i stavite u hladnjak na 3 sata
d) Nakon tog vremena odreske tune izvadite i osušite papirnatim ručnicima
e) Prebacite filet na neljepljivu posudu za grill i stavite u smoker na 1 sat
f) Nakon tog vremena povećajte Prefered Wood Pellet na 250°F i kuhajte dok unutarnja temperatura dima tune ne poraste na 145°F
g) Skinite ih s roštilja i ostavite da odstoje 10 minuta

57.Pečena Wasabi tuna

Sastojci:

- Odresci tune od 6 unci
- 1 1/4 šalice bijelog vina
- 1 šalica listova cilantra
- 1 šalica neslanog maslaca
- 1/4 šalice ljutike, mljevene
- 2 žlice bijeli vinski ocat
- 1 žlica wasabi paste
- 1 žlica soja umaka
- 1 žlica maslinovog ulja
- sol i papar po ukusu

Upute:

a) Pomiješajte vino, vinski ocat i ljutiku u loncu na srednjoj vatri. Kuhajte da se smanji na oko 2 žlice. Procijedite ljutiku i bacite je.

b) Dodajte wasabi i soja umak u smjesu i smanjite Preferred Wood Pellet. Polako dodajte maslac uz miješanje dok se potpuno ne izmiješa. Umiješajte cilantro i maknite s vatre. Staviti na stranu.

c) Odreske tune premažite maslinovim uljem. Začinite solju i paprom i stavite na roštilj.

d) Pecite na roštilju 90 sekundi, zatim okrenite i nastavite peći još 90 sekundi.

58.Burgeri od tune na žaru

Sastojci

- $1\frac{1}{2}$ funte svježe tune
- 2 jaja, istučena
- 4-6 manjih kornišona ili kornišona
- Sol
- 1 žličica svježe mljevenog crnog papra
- 1 žlica maslinovog ulja
- $\frac{1}{2}$ šalice sitno nasjeckanog slatkog bijelog luka
- 2 šalice svježeg kukuruza
- $\frac{1}{4}$ šalice suhog bijelog vina
- Sok od 1 limuna (oko 3 žlice) i korica tog limuna (oko 1 žlica)
- $1\frac{1}{2}$ žlice sitno nasjeckanog svježeg kopra
- Salsa od kukuruza s limunom

a) Tunu stavite na nauljenu rešetku i pecite 3 do 4 minute. Okrenite i pecite na roštilju još 3 do 4 minute, ili dok riba malo omekša. Izvadite i ohladite.

b) Ohlađenu tunjevinu izlomite u veću zdjelu, dodajte jaja, krastavce, sol po ukusu, papar i izgnječite velikom vilicom. Staviti na stranu.

c) Zagrijte ulje u velikom loncu na srednje jakoj vatri. Dodajte luk i pirjajte ga 2 do 3 minute dok ne omekša. Dodajte kukuruz, vino, limunov sok i kopar te pirjajte 4 do 5 minuta. Maknite s vatre.

d) Temeljito umiješajte tekućinu i koricu u tunu. Smjesu oblikujte u četiri pljeskavice. Stavite pljeskavice na nauljenu, perforiranu tepsiju za pizzu ili u mrežastu košaru iznad roštilja. Pecite pljeskavice 3 do 4 minute; okrenite i kuhajte još 3 do 4 minute ili dok ne postane čvrsto na dodir.

e) Poslužite na tostiranim pecivima za hamburger uz limunsku kukuruznu salsu.

59.Konzervirana tunjevina

Sastojci

- 1 funta fileta tune ili očišćene svježe tune na staklenku od pola litre
- 1 čajna žličica košer soli po staklenci od pola litre
- ¾ šalice ekstra djevičanskog maslinovog ulja

a) Zagrijte pećnicu na 250°F (120°C).

b) Zamotajte tunu u aluminijsku foliju da se ne osuši. Stavite foliju na lim za pečenje, a zatim stavite u pećnicu. Kuhajte oko 1 sat ili dok unutarnja temperatura na najdebljem dijelu mesa ne dosegne 140°F (60°C).

c) Pustite ribu da se malo ohladi nakon kuhanja, a zatim je ostavite u hladnjaku na nekoliko sati da se meso učvrsti.

d) Nakon što je tuna pečena, spremna je za konzerviranje. Očistite staklenke od pola litre sa širokim grlom i provjerite ima li udubljenja i udubljenja.

e) Ogulite kožu tune i uklonite meso koje je promijenilo boju. Ako želite samo svijetlo meso tune, odrežite i tamno meso. Tunjevinu narežite na komade dovoljno velike da se vrlo čvrsto stave u staklenke.

f) Staklenke čvrsto napunite ribom. Dodajte 1 žličicu soli po staklenci. Prekrijte tunu uljem, ako želite, ili vodom, ostavljajući 1 inč prostora za glavu. Obrišite naplatke i dodajte poklopce.

60.Talijanska tuna na žaru

Prinos: 6 obroka

Sastojak

- $\frac{3}{4}$ šalice ekstra djevičanskog maslinovog ulja
- $\frac{1}{2}$ šalice mljevenog peršina
- $\frac{1}{2}$ šalice marinirane pečene paprike u staklenkama, ocijeđene i narezane na kockice
- $\frac{1}{2}$ šalice tanko narezanog mladog luka
- $\frac{1}{4}$ šalice svježeg soka od limuna
- 2 žlice kapara, ocijeđenih
- 2 žlice mljevenog svježeg origana, odn
- 2 žličice sušenog origana
- $\frac{1}{4}$ žličice soli
- 6 odrezaka tune od 8 oz, debljine oko 3/4 inča
- $\frac{1}{8}$ žličice svježe mljevenog papra

a) U srednjem loncu pomiješajte $\frac{1}{2}$ šalice maslinovog ulja s peršinom, crvenom paprikom, mladim lukom, 2 žlice. sok od limuna, kapare, origano i sol. Kuhajte na laganoj vatri 5 minuta uz povremeno miješanje da se okusi prožmu. Maknite s vatre i ostavite sa strane. 2. Stavite tunu u jednom sloju u staklenu posudu za pečenje.

b) Pokapajte preostalu $\frac{1}{4}$ šalice maslinovog ulja i 2 žlice. limunov sok preko ribe.

c) Začinite paprom. Okrenite kako biste premazali obje strane. Pokrijte plastičnom folijom i marinirajte na sobnoj temperaturi 30 minuta. 3. Pripremite vruću vatru. Stavite ribu na nauljeni roštilj postavljen 4 do 6 inča od ugljena. Zagrijte umak stavljanjem posude sa strane roštilja. Pecite tunu na žaru, okrećući je jednom, dok ne postane neprozirna, ali još uvijek vlažna, otprilike 8 do 10 minuta. Prebacite na tanjur za posluživanje i svaki odrezak prelijte umakom.

61.Salsa od dinje s tunom na žaru

Prinos: 2 porcije

Sastojak

- 2 odrezaka tune od šest unci
- 1 sol; okusiti
- 1 svježe mljeveni bijeli papar; okusiti
- 1 šalica dinje narezane na male kockice
- $\frac{1}{4}$ šalice sitno narezanog pršuta
- 2 žlice nasjeckane ljutike
- žličica nasjeckane metvice
- žličica octa za šampanjac
- žlica maslinovog ulja
- 1 nasjeckana zelena paprika
- 1 peršin

a) Prethodno zagrijte roštilj. Začinite odreske tune. U maloj posudi pomiješajte dinju, pršut, ljutiku, metvicu, ocat i maslinovo ulje, začinite solju i paprom. Ostavite da odstoji i pustite da se okus razvije 15 do 20 minuta. Stavite odreske tune na roštilj i pecite 2 do 3 minute sa svake strane za srednje pečeno. Odreske tune stavite na veliki tanjur za posluživanje i prelijte salsom, pazeći da sok od salse kapne po cijeloj tuni. Ukrasite nasjeckanom paprikom i peršinom. Ovaj recept daje 2 porcije glavnog jela.

SNAPKA NA ROŠTILJU

62.Snapper na žaru od citrusa s rižom od limete

Prinos: 1 porcija

Sastojci

- Red Snapper od $1\frac{1}{2}$ funte
- 1 šalica soka od naranče
- 1 šalica soka od grejpa
- $\frac{1}{4}$ šalice soka od limete
- 2 žlice mljevenog svježeg cilantra
- $\frac{1}{4}$ žličice kajenskog papra
- 2 žlice soja umaka
- 1 žlica češnjaka nasjeckanog na kockice
- $1\frac{1}{2}$ šalice vode
- 1 šalica riže dugog zrna
- 1 žlica ekstra djevičanskog maslinovog ulja
- $2\frac{1}{2}$ žlice svježeg soka limete ili limuna
- 3 žličice ribane korice; (za ukras)
- 1 žličica mljevenog bijelog papra
- $\frac{1}{4}$ šalice narezanog mladog luka ili mladog luka; (za ukras)

Upute

a) Zagrijte roštilj na 375 stupnjeva.

b) Pomiješajte sok citrusa, cilantro, kajenski papar, češnjak nasjeckan na kockice i sojin umak u plitkoj posudi za pečenje. Dodajte ribu i ostavite u hladnjaku 4 sata, rotirajući ribu nakon 2 sata.

c) Ribu izvadite iz salamure i zamotajte u aluminijsku foliju. Zamotani paket stavite na lim i pecite 15 do 20 minuta ili duže dok se meso lako ne ljušti. Odmotajte ribu i poslužite na velikom pladnju.

d) **Limeta riža:**Pomiješajte sastojke i kuhajte 30 minuta ili duže dok voda ne ispari. Začinite paprom i ukrasite koricom i mladim lukom

63.Zašećerena crvenperka

Sastojci:

- 1 žlica smeđeg šećera
- 2 žličice mljevenog češnjaka
- 2 žličice soli
- 2 žličice svježe mljevenog crnog papra
- $\frac{1}{2}$ žličice mljevene crvene paprike
- 1 ($1\frac{1}{2}$ do 2 funte) file crvenperka
- 2 žlice maslinovog ulja, plus još za nauljenje rešetke
- 1 narezana limeta, za ukras

Upute:

a) Slijedeći specifičnu proceduru pokretanja proizvođača, prethodno zagrijte pušnicu na 225°F i dodajte preferirani drveni pelet od johe.

b) U maloj zdjeli pomiješajte smeđi šećer, češnjak, sol, papar i ljuskice crvene paprike kako biste napravili mješavinu začina.

c) Ribu utrljajte maslinovim uljem i premažite mješavinom začina.

d) Nauljite rešetku za roštilj ili neljepljivu podlogu za roštilj ili perforiranu rešetku za pizzu. Stavite filet na rešetku za pušenje i pušite 1 do $1\frac{1}{2}$ sat, dok unutarnja temperatura dima ne dosegne 145°F.

e) Izvadite ribu iz Preferred Wood Pellet i poslužite vruću s kriškama limete.

64.Snapper dimljeni u čaju

Prinos: 6 porcija

Sastojak

- 1 file luga snapper (oko 1 lb)
- 6 žlica listova kineskog crnog čaja
- 6 Zvjezdasti anis
- 3 štapića cimeta
- 20 klinčića
- 6 žlica sirove riže
- 6 češnja češnjaka, zgnječenog

Marinada:

- 2 šalice ledene vode
- 6 žlica soja umaka
- 1 žlica šećera
- $\frac{1}{2}$ šalice soka od đumbira
- 2 žlice soli

a) Pomiješajte marinadu, stavite ribu i ostavite oko 3 sata. Stavite ribu na žičanu rešetku ili okruglu rešetku od bambusa unutar woka, najmanje 5 cm iznad sastojaka koji se dime. Poklopiti wok i dimiti na laganoj vatri 15-20 minuta.

b) Narežite i poslužite toplo ili hladno s kiselim krastavcima kineskog kupusa.

c) Sok od đumbira: 125 g svježeg mladog đumbira ogulite, narežite na komadiće i stavite u multipraktik. Dodajte 5 žlica vode i promiješajte dok ne postane glatko. Ulijte sadržaj u fino cjedilo ili u komad čiste, fine tkanine. Stisnite kako biste iscijedili svježi, papreni sok od đumbira.

65.Sneckalica na grčki način na roštilju

Prinos: 1 porcija

Sastojak
- $\frac{1}{2}$ šalice maslinovog ulja
- 3 žlice otopljenog maslaca
- 1 zgnječeni češanj češnjaka
- 2 žlice ribanog parmezana
- 1 žličica origana
- $\frac{1}{4}$ žličice limunskog papra
- $\frac{1}{4}$ žličice začinjene soli
- 2 žlice svježeg soka od limuna
- 1 funta fileta crvenog snappera

a) U zdjeli pomiješajte ulje, maslac, sir, origano, limun papar, sol i limunov sok. Dodajte ribu; okrenite kako biste ravnomjerno premazali. Pokrijte plastičnom folijom i ostavite u hladnjaku 1 sat. Ribu ocijediti, marinadu ostaviti. Stavite filete s kožom prema dolje u nauljenu košaru za roštilj; pecite 3-4 minute po strani.

b) Premažite ribu marinadom tijekom pečenja.

66.Red snapper burger na žaru s kečapom od manga

Prinos: 4 porcije

Sastojak

- 1 funta Svježi crveni snapper
- 3 bjelanca
- 2 žlice zelenog luka -- nasjeckanog
- 1 žlica bijelog Worcestershire umaka
- 1 žlica tajlandskog ribljeg umaka
- $\frac{1}{4}$ šalice kečapa od manga -- pogledajte recept
- $\frac{1}{4}$ funte špinata
- $\frac{1}{2}$ šalice krušnih mrvica
- 1 žličica kopra -- nasjeckanog
- 1 štruca francuskog kruha

a) Nasjeckajte riđovku rukom ili čeličnom oštricom u sjeckalici. Stavite snapper u veliku zdjelu od nehrđajućeg čelika. Dodajte bjelanjak, Worcestershire umak, riblji umak, zeleni luk i kopar. Dobro promiješajte. U ovu smjesu dodajte dovoljno krušnih mrvica da se smjesa poveže. Oblikujte 4 oblika hamburgera debljine $\frac{1}{2}$ inča i ostavite da se hladi oko pola sata u hladnjaku.

b) Zagrijte roštilj ili roštilj dok se ne zagrije. U međuvremenu očistite i osušite špinat. Malo maslinovog ulja pokapajte preko hamburgera neposredno prije pečenja. Pecite burger na jakoj vatri oko 1-$\frac{1}{2}$ minute, pazeći da se riba ne prepeče.

c) Burger poslužite odmah na francuskom kruhu s listovima špinata i zaliven mango kečapom.

67.Proljetna trava crvenperka na žaru

Prinos: 4 porcije

Sastojak
- 4 mala cijela crvenperka, očišćena (1 1/2 do 2 funte svaki)
- 4 žlice ekstra djevičanskog maslinovog ulja
- Krupna sol po ukusu
- Svježe mljeveni crni papar po ukusu
- 2 vezice svježe majčine dušice (veće vezice)
- 4 limuna, prepolovljena poprečno, za ukras
- 1 šalica svijetlog i ljutog umaka

a) Pripremite roštilj s vrućim ugljenom ili prethodno zagrijte brojler.
b) Isperite ribu iznutra i izvana, zatim je osušite. Snapper iznutra i izvana premažite uljem i pospite solju i paprom. Stavite 3 ili 4 grančice timijana u svaku ribu. Otvore zatvorite malim metalnim ražnjićima.
c) Lagano nauljite rešetku roštilja i stavite ribu na rešetku, 4" od izvora topline. Pecite na roštilju dok ne bude pečena, 4-6 minuta po strani, okrećući jednom.
d) Poslužite odmah na ukrasnom pladnju ukrašenom preostalim grančicama majčine dušice, polovicama limuna i svježim cvjetovima nasturijuma, ako ih ima.
e) Poslužite lagani i ljuti umak uz.

ŠKAMPI I KOZICE NA GRILU

68.Začinjeni škampi za roštilj

Prinos: 4 porcije

Sastojci

- 24 velika kozica; oguljene i devenirane
- 1 šalica paprike
- 1 žlica Svaki: kajenski papar; češnjak u prahu, crni papar i sol
- 2 žličice sušenog origana
- 1 žlica osušene majčine dušice
- $\frac{1}{2}$ žlice sušenog kopra
- 2 šalice vrhnja za šlag
- $\frac{1}{2}$ žličice ražnjića od šafrana
- $\frac{1}{2}$ šalice svježeg kukuruznog zrna
- 2 žlice javorovog sirupa
- 2 limuna; sok od
- Posolite po ukusu

Upute

a) Začin za roštilj: Pomiješajte papriku, ljutu papriku, češnjak u prahu, papar, sol, origano, timijan i kopar; dobro promiješajte. Čuvati u hermetički zatvorenoj posudi. Čini oko 11/2 šalice

b) Škampi: Namočite 4 bambusova ražnjića u vodi 2 sata; stavite 6 škampi na svaki ražnjić i obilno poprskajte začinima za roštilj.

c) Stavite škampe na roštilj, pazeći da repovi budu dalje od najtoplijeg dijela vatre. Pecite na roštilju oko 3 do 4 minute po strani ili dok ne bude gotovo. Nemojte prekuhati. Poslužite sa šafranom i slatkim kukuruznim vrhnjem. Poslužite 1 ražnjić po osobi.

d) **Krema od šafrana i kukuruza šećerca:** Zagrijte vrhnje u loncu sa šafranom i kukuruzom dok šafran ne počne puštati boju. Dodajte sirup. Umutiti limunov sok i sol.

69.Ražnjići s plodovima mora glazirani jabukama

Prinos: 6 porcija

Sastojak
- 1 konzerva smrznutog koncentrata soka od jabuke
- 1 žlica maslaca i Dijon senfa
- 1 velika slatka crvena paprika
- 6 segmenata slanine
- 12 Morske kapice
- 1 funta račića bez ljuske i koštica (oko 36)
- 2 žlice svježeg peršina nasjeckanog na kockice

U dubokom, teškom loncu kuhajte koncentrat soka od jabuke na visokoj vatri 7 10 minuta ili dok se ne smanji na oko $\frac{3}{4}$ šalice. Maknite s vatre, umiješajte maslac i senf dok ne postane glatko. Staviti na stranu. Papriku prerežite na pola i izvadite sjemenke i peteljku, a papriku narežite na 24 dijela. Segmente slanine prerežite poprečno na pola, svaku jakobovu kapicu zamotajte u komad slanine.

na 6 ražnjića naizmjenično nabodite papriku, jakobove kapice i škampe. Ražnjiće stavite na nauljenu rešetku za roštilj. Pecite na umjereno jakoj vatri 2-3 minute, podlijevajući glazurom od soka od jabuke i često okrećući, sve dok jakobove kapice ne postanu neprozirne, škampi ružičasti, a papar omekša. Poslužite posuto peršinom.

70.Škampi na ražnjiću s češnjakom

Prinos: 4 porcije

Sastojci
- 1½ funte Jumbo škampa
- ½ šalice ulja češnjaka
- 1 žlica paste od rajčice
- 2 žlice crvenog vinskog octa
- 2 žlice svježeg bosiljka narezanog na kockice
- Sol
- Svježe mljeveni papar

Oljušteni i devein škampi. Pomiješajte preostale sastojke

Pomiješajte sa škampima i ostavite u hladnjaku 30 minuta do sat vremena, povremeno miješajući.

Izvadite škampe, ponovno podijelite marinadu.

Nabodite škampe tako što ćete svaku saviti gotovo na pola, tako da veći kraj gotovo dodiruje manji kraj, a zatim zabodite ražanj malo iznad repa tako da dvaput prođe kroz tijelo.

Pecite na roštilju 4-6 inča od ugljena 6-8 minuta, ili sve dok se ne ispeče, često rotirajući i dva ili tri puta premažući rezervisanom marinadom.

71.Bosiljak škampi

Sastojci

- 2 1/2 žlice maslinovog ulja 3 češnja češnjaka, nasjeckana
- 1/4 šalice maslaca, otopljena sol po ukusu
- 1 1/2 limuna, ocijeđen 1 prstohvat bijelog papra
- 3 žlice krupnozrnatog gotovog senfa 3 funte svježih škampi, oguljenih i očišćenih
- 4 unce mljevenog svježeg bosiljka

U plitkoj, neporoznoj posudi ili posudi pomiješajte maslinovo ulje i otopljeni maslac. Zatim umiješajte limunov sok, senf, bosiljak i češnjak, te začinite solju i bijelim paprom. Dodajte škampe i pomiješajte. Pokrijte i stavite u hladnjak ili hladnjak na 1 sat. Zagrijte Blackstone roštilj na visoku temperaturu. Izvadite škampe iz marinade i nabodite na ražnjiće. Lagano nauljite rešetku, pa ražnjiće posložite na roštilj. Kuhajte 4 minute, okrećući jednom, dok ne bude gotovo.

72.Škampi na žaru omotani slaninom

Prinos: 4 porcije

Sastojak
- 20 med kozica; očišćen deveined
- 10 trakica slanine; sirovo, izrezano u ha
- 3 crvene ili žute slatke paprike;
- 4 žlice ekstra djevičanskog maslinovog ulja
- 2 žlice balzamičnog octa
- 1 žlica senfa
- Grančice svježe majčine dušice
- 1 glavica radiča
- 1 Glava endivija
- 1 glavica zelene salate Bibb

Radič, endiviju i zelenu salatu operite i osušite. Natrgajte na komade veličine zalogaja i ostavite sa strane. Svaku kozicu čvrsto zamotajte u $\frac{1}{2}$ trake slanine.

Pecite na tavici ili na roštilju na ugljenu dok ne postane hrskava, 3-5 minuta, jednom okrećući. Poklopiti da ostane toplo. Paprike očistite od sjemenki i narežite na tanke julienne trake. Staviti na stranu. U teglici pomiješajte ulje, ocat, senf i majčinu dušicu. Poklopiti i dobro protresti. Stavite zelje i papriku u posudu.

Dodajte kozice. Lagano pomiješajte s vinaigretteom.

Poslužite u plitkim posudama, prvo posložite zelje, a na zelje 5 kozica.

73.Škampi punjeni pestom

ČINI 4 porcije

sastojak:

- 12 kozica ili golemih (10Ð15 na broj)
- škampi
- 1 jalapeno chile papričica, bez sjemenki
- šalica pesta od cilantra
- 3 žlice ljutike narezane na kockice
- 3 žlice maslinovog ulja
- 1 mali češanj češnjaka, samljeven
  - 3 žlice svježeg cilantra narezanog na kockice

Trljanje
- Guacamole Vinaigrette:
- žličica krupne soli
- 2 Pojedite avokado, oguljen i oguljen
- Prstohvat mljevenog crnog papra
- Sok od 1 velike šalice limete ekstra djevičanskog maslinovog ulja
- 1 rajčica, očišćena od sjemenki i sitno narezana na kockice

Zapalite roštilj za izravnu umjereno-visoku temperaturu, oko 425¼F

Zarežite kozice duž leđa da se otvori sredina

Napunite otvor svake kozice s otprilike ½ do 1 žličicom pesta.

Nadjevene kozice premažite po cijeloj površini maslinovim uljem.

Za guacamole vinaigrette: zgnječite avokado u umjerenoj posudi vilicom. Umiješajte preostali glavni sastojak. Staviti na stranu.

Namažite rešetku roštilja i premažite uljem. Pecite kozice izravno na vatri dok ne postanu čvrste i dobiju lijepu oznaku žara, oko 4 minute po strani.

Izvadite na tanjure i poprskajte guacamole vinaigrette.

74.Škampi na žaru s origanom

Prinos: 4 porcije

Sastojak
- 16 velikih škampi, bez ljuske, bez žilica
- ½ šalice maslinovog ulja
- 3 češnja češnjaka
- 2 žlice svježeg origana
- 2 žlice svježeg plosnatog lista peršina
- 1 žličica pahuljica crvene paprike
- Sol i svježe napuknuto
- Papar
- 2 šalice Canola ulja

U umjerenoj posudi pomiješajte škampe s maslinovim uljem, češnjakom i origanom, peršinom, listićima crvene paprike te soli i paprom. Pustite da se marinira 1 sat. Stavite ulje uljane repice u mali lonac i zagrijte ga na 350 stupnjeva, dodajte segmente češnjaka i pržite dok lagano ne porumeni.

Vaditi šupljikavom žlicom i ocijediti na papirnatim ručnicima. Zagrijte Blackstone roštilj.

Izvadite škampe iz salamure i pecite ih na roštilju 2 do 3 minute sa svake strane dok se ne skuhaju. Stavite na pladanj i pospite komadićima češnjaka.

75.Mojo predjela za ražnjiće od škampa

Sastojci:

- 2 lbs. narezanu slaninu
- 64 sirove kozice, bez repa
- 2 C Tradicionalni kubanski Mojo
- $\frac{1}{4}$ C Adobo Criollo
- 32 Preferirani ražnjići od drvenih peleta, namočeni

Upute:

Sirove kozice operite i ocijedite. U veliku zdjelu ubacite kozice i Adobo Criollo začine.

Svaku kozicu zamotajte u $\frac{1}{2}$ kriške slanine i provucite dvije zamotuljke na svaki ražnjić, dodirujući se i probodite kroz slaninu i škampe.

Zagrijte roštilj na pelete na srednju temperaturu, nauljite i na njega položite ražnjiće.

Pecite na roštilju 3-5 minuta, dok slanina ne bude pečena, okrenite i pecite još 2-3 minute.

Uklonite s roštilja i ostavite na tanjurima prekrivenim papirnatim ručnicima 2-3 minute prije posluživanja. za ovu vrstu roštiljanja.

76.Začinjeni škampi na brazilski način

Prinos: 1 porcija

Sastojak
- 2 funte Jumbo škampa, oguljenih i očišćenih
- 1 žlica mljevenog češnjaka
- 1 žlica sitno mljevenog svježeg crvenog kajenskog čilija, bez sjemenki
- ½ šalice ekstra djevičanskog maslinovog ulja, po mogućnosti uvezenog iz Brazila
- ½ šalice ekstra djevičanskog maslinovog ulja
- Umak od ljute crvene paprike, po ukusu

a) U staklenu posudu za pečenje ubacite škampe s češnjakom, čilijem i maslinovim uljem. Pokrijte i marinirajte u hladnjaku najmanje 24 sata. Prethodno zagrijte roštilj ili pečenje i kuhajte škampe, povremeno premažući marinadom, 2 do 3 minute po strani.

b) U maloj posudi pomiješajte ½ šalice maslinovog ulja i umak od ljute crvene paprike po ukusu.

c) Poslužite vruće škampe na žaru s umakom za umakanje.

77.Predjelo Ćevapi od kozica

Sastojci

- 3 žlice maslinovog ulja
- 3 zgnječena češnja češnjaka
- 1/2 šalice suhih krušnih mrvica
- 1/2 žličice začina za plodove mora
- 32 nekuhana srednja kozica
- koktel umak od plodova mora

Upute

a) U plitkoj zdjeli pomiješajte ulje i češnjak; neka su svakako simbol 30 minuta. U drugoj zdjeli pomiješajte krušne mrvice i začin za plodove mora. Umočite škampe u mješavinu ulja, a zatim premažite smjesom od mrvica.

b) Navucite na metalne ili namočene drvene ražnjiće. Pecite ćevape poklopljene na srednjoj vatri 2-3 minute ili dok škampi ne porumene. Poslužite s umakom od plodova mora.

78.Ćevapi od škampa i breskve

Sastojci

- 1 žlica pakiranog smeđeg šećera
- 1 žličica paprike
- 1/2 do 1 žličice ancho čili papričice
- 1/2 žličice mljevenog kima
- 1/4 žličice soli
- 1/4 žličice svježe mljevenog papra
- 1/8 do 1/4 žličice kajenskog papra
- nekuhani škampi od 1 funte
- 3 srednje breskve
- 8 glavica zelenog luka
- sprej za kuhanje s okusom maslinovog ulja
- kriške limete

Upute

a) Pomiješajte smeđi šećer i začine. Stavite škampe, breskve i mladi luk u veliku zdjelu; pospite mješavinom smeđeg šećera i bacite na kaput. Na četiri ili osam metalnih ili namočenih drvenih ražnjića naizmjenično nanizajte škampe, breskve i mladi luk.

b) Lagano poprskajte obje strane ćevapa sprejom za kuhanje. Pecite, poklopljeno, na srednjoj vatri ili pecite 4 in. od vrućine 3-4 minute sa svake strane ili dok škampi ne porumene. Iscijedite kriške limete preko ćevapa.

79.Gazpacho

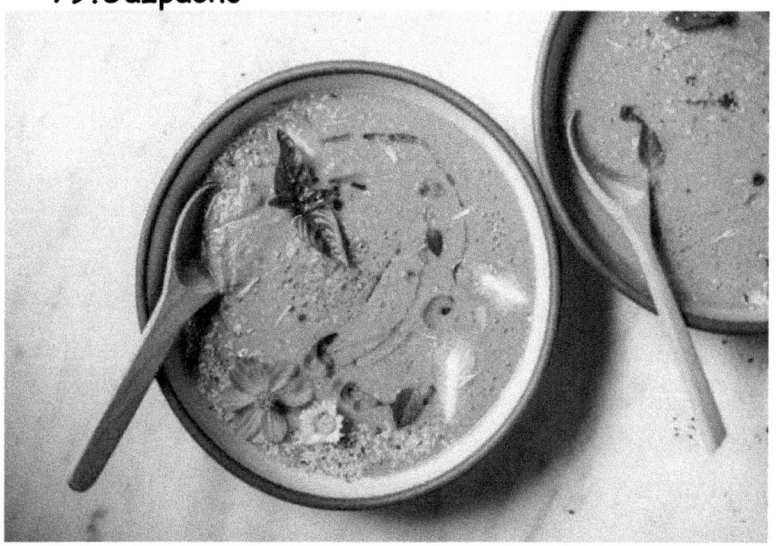

Sastojci

- 2 češnja češnjaka
- 1/2 crvenog luka
- 5 romskih rajčica
- 2 stabljike celera
- 1 veliki krastavac
- 1 tikvica
- 1/4 šalice ekstra djevičanskog maslinovog ulja
- 2 žlice crvenog vinskog octa
- 2 žlice šećera Nekoliko crtica ljutog umaka Mrvica soli
- Crni papar
- 4 šalice kvalitetnog soka od rajčice
- Škampi od 1 funte, oguljeni i očišćeni kriške avokada, za posluživanje
- 2 tvrdo kuhana jaja, sitno mljevena Svježi listovi cilantra, za posluživanje Hrskavi kruh, za posluživanje

Upute

a) Češnjak nasjeckajte, luk narežite na ploške, a rajčice, celer, krastavce i tikvice na kockice. U posudu multipraktika ili po želji blendera stavite sav češnjak, sav luk, polovicu preostalog povrća narezanog na kockice i ulje.

b) Ulijte ocat i dodajte šećer, ljuti umak, sol i papar. Na kraju ulijte 2 šalice soka od rajčice i dobro promiješajte. U osnovi ćete imati podlogu od rajčice s prekrasnim konfetima od povrća.

c) Izmiksanu smjesu izlijte u veliku zdjelu i dodajte drugu polovicu povrća narezanog na kockice. Promiješajte. Zatim umiješajte preostale 2 šalice soka od rajčice. Probajte i provjerite jesu li začini pravi. Prilagodite po potrebi. Ostavite u hladnjaku sat vremena ako je moguće.

d) Na roštilju ili pirjajte škampe dok ne postanu prozirni. Staviti na stranu. Ulijte juhu u zdjelice, dodajte škampe na žaru i ukrasite ploškama avokada, jajetom i listićima cilantra. Poslužite s hrskavim kruhom sa strane.

80.Ukiseljeni škampi

Sastojci

- 6¾ šalice vode
- 2 žlice plus 2 žličice košer soli
- 1 funta velikih škampa
- 10-12 tankih kriški limuna
- ¾ šalice vrlo tanko narezanog crvenog luka
- ¾ šalice vrlo tanko narezanog celera
- 2 žličice crnog papra u zrnu
- 4 cijela klinčića
- 4 suha lista lovora
- 1 svježa grančica estragona, nasjeckana
- ¾ šalice jabučnog octa
- 1 veliki češanj češnjaka
- Ekstra djevičansko maslinovo ulje, za posluživanje

a) Pomiješajte 6 šalica vode i 2 žlice soli u srednje velikoj tavi na jakoj vatri. Pustite da brzo prokuha, a zatim bacite škampe u vodu i kuhajte, često miješajući, dok se potpuno ne sklupčaju, oko 2 minute. Ocijedite škampe, a zatim ih isperite pod hladnom tekućom vodom kako biste zaustavili kuhanje. Ostavite ih da se ocijede i ohlade. Držite se lonca, jer ćemo ga opet koristiti za pripremu salamure.

b) Pomiješajte škampe, limun, luk, celer, papar u zrnu, klinčiće, lovorov list i estragon u srednjoj zdjeli. Čvrsto spakirajte smjesu u litarsku staklenku za konzerviranje.

c) Pomiješajte preostale 2 žličice soli s preostalih $\frac{3}{4}$ šalice vode, octom, češnjakom i šećerom u srednje velikoj tavi. Zagrijte na jakoj vatri dok ne zavrije, miješajući da se šećer i sol otope. Ulijte rasol

81.Tilapija punjena dimljenim škampima

Poslužuje 5

Sastojci

5 unci (142 g) svježih, uzgojenih fileta tilapije

2 žlice ekstra djevičanskog maslinovog ulja

1 i ½ žličice dimljene paprike

1 i ½ žličice začina Old Bay

Nadjev od kozica

- 1 funta (454 g) škampa, kuhanih i očišćenih
- 1 žlica slanog maslaca
- 1 šalica crvenog luka, narezanog na kockice
- 1 šalica talijanskih krušnih mrvica
- 1 šalica majoneze
- 1 veliko jaje, istučeno
- 2 žličice svježeg peršina, nasjeckanog
- 1 i ½ žličice soli i papra

a) Uzmite multipraktik i dodajte kozice, nasjeckajte ih

b) Uzmite tavu i stavite je na srednje jaku vatru, dodajte maslac i ostavite da se otopi. Pirjajte luk 3 minute

c) Dodajte nasjeckane škampe s ohlađenim pirjanim lukom uz preostale sastojke navedene pod sastojcima za nadjev i prebacite u zdjelu

d) Pokrijte smjesu i ostavite da se hladi 60 minuta. Obje strane fileta namazati maslinovim uljem

e) Žlica $^1/_3$ šalicu nadjeva na file. Poravnajte nadjev na donju polovicu fileta i presavijte Tilapiju na pola

f) Učvrstite s 2 čačkalice. Svaki file pospite dimljenom paprikom i začinom Old Bay

g) Zagrijte pušnicu na 400 stupnjeva Fahrenheita

h) Dodajte drvene pelete po želji i premjestite filete na neprianjajuću posudu za roštilj

i) Prebacite u pušnicu i pušnicu na 30-45 minuta dok unutarnja temperatura ne dosegne 145 stupnjeva Fahrenheita. Ostavite ribu da se odmori 5 minuta i uživajte!

82.Cajun začinjeni dimljeni škampi

Služi 4

Sastojci

- 4 žlice maslinovog ulja
- 1 žlica Cajun začina
- 2 češnja češnjaka, mljevena
- 1 žlica soka od limuna
- Sol, po ukusu
- 2 lb (907 g) škampi oguljenih i očišćenih

Pomiješajte sve sastojke u plastičnoj vrećici koja se može zatvoriti. Promiješajte da se ravnomjerno prekrije.

Marinirati u hladnjaku 4 sata. Postavite Pit boss roštilj na visoku razinu.

Zagrijte ga 15 minuta dok je poklopac zatvoren. Nabodite škampe na ražnjiće.

Pecite na roštilju 4 minute sa svake strane. Ukrasite kriškama limuna.

83.Kielbasa mješavina dimljenih kobasica i škampa

Služi 12

Sastojci

- 3 lb. (1,4 kg) škampi (veliki), s repovima, podijeljeni.
- 2 lb (907 g) Kielbasa dimljene kobasice
- 6 kukuruza razrezanih na 3 dijela.
- 2 lb (907 g) krumpira, crvenog
- Stari zaljev

Prethodno zagrijte roštilj na 275°F (135°C) sa zatvorenim poklopcem.

Prvo ispecite kobasicu na roštilju. Kuhajte 1 sat.

Povećajte temperaturu na visoku. Kukuruz i krumpir začinite starim zaljevom. Sad pecite dok ne omekšaju.

Kozice začinite starim zaljevom i pecite na roštilju 20 minuta.

U zdjeli pomiješajte kuhane sastojke. Bacanje.

Začinite Old Bayom i poslužite. Uživati!

84.Ćevapi od dimljenih škampa i jakobove kapice od bosiljka

Prinos: 4 porcije

Sastojak

- ½ šalice čipsa od Applewooda
- ½ funte velikih škampa
- ½ funte morskih kapica
- 1 šalica nasjeckanog svježeg bosiljka

a) Namočite iverje jabuke u vodi 1 sat.

b) Namočite četiri bambusova ražnja od 6 inča u vodi 15 minuta. Na svaki ražnjić naizmjence nanizajte škampe i jakobove kapice.

c) Wok ili ravnu tavu obložite dvostrukom debljinom aluminijske folije. Ocijedite čips od jabuke i pomiješajte ga s bosiljkom na dnu. Umetnite nisku rešetku koja će držati ražnjiće podignute, ali će ipak omogućiti da poklopac stane.

d) Stavite ražnjiće preko rešetke i pokrijte tavu. Ako koristite wok, stavite 2 mokra ručnika oko poklopca; za tavu, pokrijte poklopac mokrim ručnikom i čvrsto ga pričvrstite.

e) Ćevape dimite 15 minuta na srednje jakoj vatri. Maknite tavu s vatre i ostavite je sa strane 5 minuta prije nego je otkrijete. Poslužite odmah.

JASTOG NA ŽARU

85.Slatki repovi jastoga na žaru

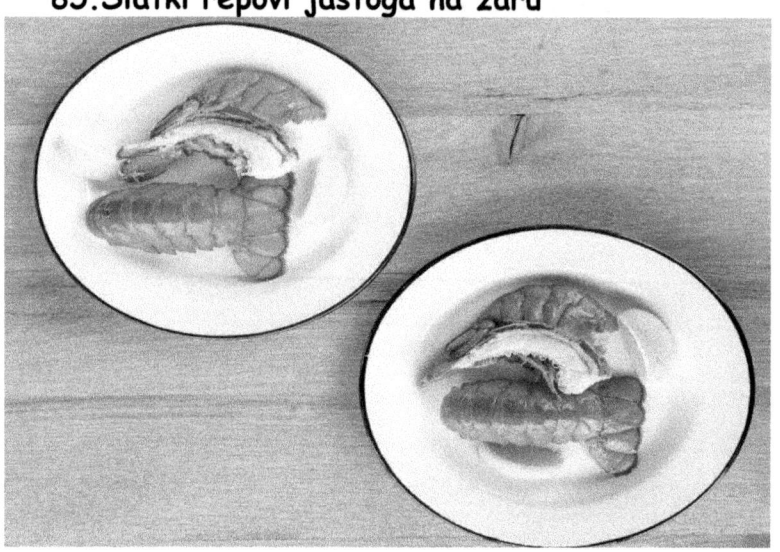

Sastojci:

- 12 repova jastoga
- $\frac{1}{2}$ C maslinovog ulja
- $\frac{1}{4}$ C svježeg soka od limuna
- $\frac{1}{2}$ C maslaca
- 1 žlica protisnuti češnjak
- 1 žličica šećera
- 1/2 žličice soli
- $\frac{1}{2}$ žličice crnog papra

Upute:

a) Pomiješajte limunov sok, maslac, češnjak, sol i papar na laganoj vatri i miješajte dok se dobro ne sjedini, držite na toplom.

b) Stvorite "hladnu zonu" na jednom kraju roštilja za pelete. Mesnatu stranu repova premažite maslinovim uljem, stavite na roštilj i pecite 5-7 minuta, ovisno o veličini repa jastoga.

c) Nakon okretanja meso 2-3 puta premažite maslacem od češnjaka.

d) Ljuska bi trebala biti jarko crvena kada su gotovi. Uklonite repove s roštilja i velikim kuhinjskim škarama razrežite gornji dio ljuske.

e) Poslužite s toplim maslacem od češnjaka za umakanje.

86.Repovi jastoga s limunovim maslacem

Sastojci:

- 4 (8 unci) repova jastoga, svježi (ne smrznuti)
- 1 šalica (2 štapića) neslanog maslaca, otopljenog, podijeljenog
- Sok od 2 limuna
- 1 žličica mljevenog češnjaka
- 1 žličica suhe majčine dušice
- 1 žličica sušenog ružmarina
- 1 žličica soli
- 1 žličica svježe mljevenog crnog papra
- Maslinovo ulje, za nauljenje rešetke
- $\frac{1}{4}$ šalice nasjeckanog svježeg peršina

Upute:

a) U maloj zdjeli pjenasto izmiješajte maslac, limunov sok, češnjak, majčinu dušicu, ružmarin, sol i papar. Premažite svaki rep jastoga 1 žlicom maslaca od limuna.

b) Stavite repove na stalak za pušenje s podijeljenom stranom prema gore.

c) Dimite repove 45 minuta do 1 sat, podlijevajući svaki s 1 žlicom maslaca od limuna jednom tijekom kuhanja.

d) Uklonite repove jastoga i pospite peršinom te poslužite s preostalim limunovim maslacem za umakanje.

87.Crni čaj od ličija dimljeni jastog

Prinos: 4 porcije

Sastojak

- 2 Maine jastoga
- 2 šalice bijele riže
- 2 šalice smeđeg šećera
- 2 šalice čaja od crnog ličija
- 2 Zreli mango
- $\frac{1}{2}$ šalice Jicama palice
- $\frac{1}{2}$ šalice šifonade od mente
- $\frac{1}{2}$ šalice šifonade od bosiljka
- 1 šalica blanširanih konaca Mung graha
- Umak od rakova
- 8 listova rižinog papira

a) Prethodno zagrijte duboku hotelsku tavu dok se ne zagrije. Dodajte rižu, šećer i čaj u dublju posudu i odmah na vrh stavite jastoga u plitku perforiranu posudu. Brzo zatvorite aluminijskom folijom. Kad se pušnica počne dimiti, pušite jastoga 10 minuta na laganoj vatri ili dok se ne skuha. Ohladite jastoga pa narežite repove na duge trake.

b) Pomiješajte jicama, metvicu, bosiljak, mahune i prelijte ribljim umakom.

c) Namočite rižin papir u toplu vodu i dio smjese stavite na omekšali papir. Umetnite trakice dimljenog jastoga i kriške manga. Zarolajte i ostavite da odstoji 10 minuta. Pojedinačne rolice čvrsto zamotajte plastičnom folijom kako biste osigurali zadržavanje vlage.

88.Jastog na žaru s uljem bosiljka

Prinos: 8 porcija

Sastojak
- 1 šalica svježih listova bosiljka
- 1½ šalice maslinovog ulja
- 8 živih jastoga

a) Zakuhajte vodu srednje veličine. Dodajte bosiljak i blanširajte 20 sekundi. Ocijediti. Prebacite lišće u procesor i dobro izmiješajte. Dok stroj još radi, dodajte 1 šalicu ulja kroz dovodnu cijev i miješajte dok ne postane glatko.

b) Začinite po ukusu solju i paprom.

c) Pripremite vatru na drva ili ugljen i pustite da izgori do žeravice.

d) Za jastoge, umetnite vrh velikog kuharskog noža odmah iza glave jastoga. Odrežite donju stranu od glave do repa. Pazite da ne zarežete do kraja stražnju školjku. Polovice razdvojite.

e) Prstima ili pomoću noža za guljenje uklonite i odbacite žilu poput crijevnog trakta koja se proteže duž cijele duljine jastoga.

f) Prvo odvrnite kandže, a zatim rep. Uklonite meku unutarnju ljusku s repa. Premažite jastoge s ½ šalice maslinovog ulja i začinite solju i paprom.

g) Pecite na roštilju s prerezanom stranom prema gore 20 minuta. Premažite malo bosiljka preko jastoga. Poslužite odvojeno propasirajući preostalo ulje bosiljka.

89.Jastog na žaru s vinaigretteom od naranče

Prinos: 1 porcija

Sastojak

- Osam; (1 1/2 funte) živih jastoga
- $\frac{3}{4}$ žličice sitno naribane svježe narančine korice
- 1 šalica svježeg soka od naranče
- $\frac{1}{4}$ šalice bijelog vinskog octa
- 1$\frac{1}{2}$ žlica konzerviranog chipotle čilija u adobo; ili po ukusu
- 2$\frac{1}{2}$ žličice soli
- 1 čajna žličica čvrsto pakiranog smeđeg šećera
- 1 šalica maslinovog ulja
- 2 žlice nasjeckanih listova svježeg bosiljka
- Grančice bosiljka

a) Pun velikog kuhala za vodu (kapaciteta od najmanje 8 litara) do tri četvrtine pun vode zakuhajte za jastoge.

b) U blenderu pomiješajte koricu, sok od naranče, ocat, chipotles in adobo, sol i šećer dok se chipotles ne usitne. Dok motor radi dodajte ulje u laganom mlazu. Vinaigrette se može pripremiti do ove točke 3 dana unaprijed i ohlađen, poklopljen. Dovedite vinaigrette na sobnu temperaturu prije posluživanja.

c) U kipućoj vodi djelomično skuhajte jastoge, 2 odjednom, na jakoj vatri 3 minute i prebacite ih hvataljkama u cjedilo da se ocijede i ohlade. (Provjerite da voda potpuno proključa prije dodavanja svake serije jastoga.) Kada se jastozi dovoljno ohlade za rukovanje, uklonite repove i kandže i bacite tijela.

d) Pripremite roštilj.

e) Pecite kandže, u serijama ako je potrebno, na rešetki postavljenoj 5 do 6 inča iznad užarenog ugljena, povremeno okrećući, dok tekućina ne počne mjehuriti na otvorenom kraju, 5 do 7 minuta, i prebacite na pladanj.

f) Umiješajte listove bosiljka u vinaigrette i ostavite $1\frac{1}{4}$ šalice u malom vrču. Premažite meso u repovima jastoga malo vinaigreta. Pecite repove na roštilju, mesom prema dolje, po potrebi u serijama, 3 minute. Okrenite repove s mesom prema gore, premažite s još vinaigrette i pecite na roštilju dok sok ne počne mjehuriti, a meso postane debelo i neprozirno, 3 do 5 minuta. Prebacite repove na pladanj.

g) Jastog se može peći na žaru 2 sata unaprijed i ohladiti, bez poklopca, prije hlađenja, poklopiti.

h) Poslužite jastoga toplog ili ohlađenog uz pripremljeni vinaigrette i ukrasite ga grančicama bosiljka.

90.Jastog na žaru s makadamijom

Prinos: 4 porcije

Sastojak
- 2 jastoga od 8 unci; (jastog)
- 2 žlice ulja od kikirikija
- 8 unci rezanci s niti graha; (celofan rezanci)
- 1 žličica sezamovog ulja
- ½ šalice mladog luka; kutni rez
- 5 žlica sojinog umaka
- 1½ žlica šećera
- ½ žličice svježeg korijena đumbira; naribana
- 1 žličica češnjaka
- 1 žličica biljnog ulja
- 2 žlice crvene paprike; julienned
- 2 žlice zelene paprike; julienned
- 2 žlice žute paprike; julienned
- 1 žličica sjemenki sezama; crno
- 1 žličica sjemenki sezama; pržen
- 2 žlice makadamija oraha; prepečen, zgnječen
- 2 žličice Furikake; ukras, po želji
- 4 grančice svježeg cilantra; ukras, po želji

a) Pripremite roštilj. Premažite jastoga uljem od kikirikija i pecite ga na roštilju oko 5 minuta ili dok ne bude gotovo. Izvadite meso; narežite ga na kockice i ostavite sa strane.

b) Zakuhajte lonac s vodom i kuhajte rezance s koncem graha oko 5 minuta ili dok ne omekšaju. Isperite pod hladnom vodom, ocijedite i sačuvajte.

c) UMAK Zagrijte sezamovo ulje u tavi i pirjajte mladi luk 10-15 sekundi na jakoj vatri. Brzo dodajte soja umak, šećer, đumbir i češnjak. Promiješajte i odmah maknite s vatre. Staviti na stranu.

d) Zagrijte vegetarijansko ulje u tavi i pirjajte paprike 15 sekundi na jakoj vatri ili dok ne omekšaju. Staviti na stranu.

e) PREZENTACIJA Kuhane rezance graha lagano zagrijte u umaku. Kad su rezanci potpuno upili umak, dodajte jastoga narezanog na kockice i maknite s vatre. Prebacite na tanjure za posluživanje i ukrasite paprikom, sjemenkama sezama i mac orasima. PO želji posipajte furikake oko ruba svakog tanjura grančicama cilantra.

KAMENICE PEČENE NA ROŠTILJU

91.Jednostavne kamenice na žaru

Sastojci:

- 4 tuceta kamenica, očišćenih
- kriške limuna
- 1 C maslaca
- 1 žličica začinjene soli
- 1 žličica limunskog papra

Upute:

a) Zagrijte roštilj na pelete na 350F.
b) Otopite maslac sa začinjenom soli i limun paprom, dobro promiješajte. Pirjati 10 minuta.
c) Stavite kamenice, bez ljuske, na roštilj za pelete.
d) Kad se školjke otvore (3-5 minuta), nožem za kamenice odvojite kamenicu od gornje školjke i gurnite je natrag u šalicu s vrućim pićem od kamenica. Bacite poklopac.
e) Dodajte žličicu začinjenog maslaca i poslužite.

92.Češnjak Asiago kamenice

Sastojci:

- 1 lb maslaca od slatkog vrhnja
- 1 žlica mljeveni češnjak
- 2 tuceta svježih kamenica
- ½ C. naribanog sira Asiago
- Francuski kruh, zagrijan
- ¼ šalice vlasca, narezanog na kockice

Upute:

a) Uključite roštilj na pelete i zagrijte ga na srednje jako.

b) Otopite maslac na srednje jakoj vatri. Smanjite vatru i umiješajte češnjak.

c) Kuhajte 1 minutu i maknite s vatre.

d) Stavite kamenice, šalicom prema dolje, na roštilj za pelete. Čim se školjke otvore, uklonite ih s roštilja.

e) Oljuštite kamenice, držeći što je više moguće tekućine od kamenica na mjestu.

f) Prerežite vezivni mišić i svaku kamenicu vratite u oklop.

g) Pokapajte svaku kamenicu s 2 žličice maslaca i pospite 1 žličicom sira. Pecite na jakoj vatri 3 minute ili dok sir ne porumeni. Pospite vlascem.

h) Uklonite s roštilja na pelete i odmah poslužite s kruhom i preostalim maslacem sa strane.

93.Wasabi kamenice

Sastojci:

- 12 malih pacifičkih kamenica, sirovih u ljusci 2 žlice. bijeli vinski ocat
- 8 oz bijelog vina 1/4 C ljutike, mljevene
- 2 žlice wasabi senf 1 žlica. umak od soje
- 1 C neslanog maslaca, narezanog na kockice 1 C nasjeckanih listova cilantra
- Sol i crni papar po ukusu

Upute:

a) U loncu na srednjoj vatri pomiješajte bijeli vinski ocat, vino i ljutiku. Pirjati dok se tekućina malo ne reducira. Dodajte wasabi senf i soja umak, miješajući.

b) Na laganoj vatri postupno umiješajte maslac. Nemojte dopustiti da smjesa prokuha. umiješajte cilantro i maknite s vatre.

c) Kamenice kuhajte dok se školjke tek ne otvore. Izvadite kamenice iz roštilja za pelete i odrežite vezivni mišić s gornje školjke,

d) Utisnite svaku kamenicu (u ljusci) u krupnu sol da ostane uspravna, a zatim na svaku prelijte 1-2 žličice umaka od wasabi maslaca i odmah poslužite.

94.Začinjene dimljene kamenice

Sastojci:

- ½ šalice soja umaka
- 2 žlice Worcestershire umaka
- 1 šalica čvrsto pakiranog smeđeg šećera
- 2 suha lista lovora
- 2 režnja češnjaka, mljevena
- 2 žličice soli i crnog papra
- 1 žlica ljutog umaka
- 1 žlica luka u prahu
- 2 tuceta sirovih, oljuštenih kamenica
- ¼ šalice maslinovog ulja
- ½ šalice (1 štapić) neslanog maslaca
- 1 žličica češnjaka u prahu

Upute:

a) U velikoj posudi pomiješajte vodu, soja umak, Worcestershire, sol, šećer, lovor, češnjak, papar, ljuti umak i luk u prahu.

b) Uronite sirove kamenice u slanu otopinu i ostavite u hladnjaku preko noći.

c) Stavite kamenice na neprianjajuću podlogu za roštilj, pokapajte ih maslinovim uljem i stavite podlogu u pušnicu.

d) Dimite kamenice 1½ do 2 sata dok ne postanu čvrste. Poslužite s maslacem i češnjakom u prahu.

95.Kamenice i školjke

Prinos: 1 porcija

Sastojak

- 2 tuceta kamenica
- 2 tuceta brijača
- 2 žlice svježe jalapeño paprike
- ½ šalice crvenog vinskog octa
- 2 žlice šećera
- 1 žličica soli
- 2 žlice crvenog luka; sitno nasjeckan
- 6 listova metvice; šifonada

Upute

a) Zagrijte roštilj ili roštilj.

b) Oribajte i očistite kamenice i školjke i ocijedite ih

c) U manju posudu za miješanje stavite nasjeckanu papriku, ocat, šećer, sol, luk i metvicu te promiješajte. Stavite školjke na roštilj i pecite dok se školjke ne otvore. Izvadite i stavite na pladanj prekriven kamenom soli. Stavite umak za umakanje u sredinu i poslužite s vilicama za koktele.

96.Jednostavne kamenice na žaru

Sastojci:

- 4 tuceta kamenica, očišćenih
- kriške limuna
- 1 C maslaca
- 1 žličica začinjene soli
- 1 žličica limunskog papra

Upute:

a) Zagrijte roštilj na pelete na 350F.

b) Otopite maslac sa začinjenom soli i limun paprom, dobro promiješajte. Pirjati 10 minuta.

c) Stavite kamenice, bez ljuske, na roštilj za pelete.

d) Kad se školjke otvore (3-5 minuta), nožem za kamenice odvojite kamenicu od gornje školjke i gurnite je natrag u šalicu s vrućim pićem od kamenica. Bacite poklopac.

e) Dodajte žličicu začinjenog maslaca i poslužite.

SRDELE NA ŽARU

97.Varivo od srdela na žaru

Prinos: 4 porcije

Sastojci

- 4 žlice maslinovog ulja
- 1 šalica mljevenog luka
- 2 lista lovora
- 1 sol; okusiti
- 1 svježe mljeveni crni papar; okusiti
- ½ funte chorizo kobasice; narezan na 1/4 debljine
- 12 cijelih češnjaka; oguljena, blanširana
- 1 šalica oguljene; sjemenki, nasjeckani svježi tom
- ½ kilograma mladog krumpira; raščetvorio
- 2 žličice nasjeckanih listova svježeg timijana
- 2 žličice nasjeckanog svježeg bosiljka
- 2 žličice nasjeckanog svježeg peršinovog lišća
- 1 litra pilećeg temeljca
- 16 svježih sardina
- 16 drvenih ražnjića; natopljene vodom

a) U velikom loncu na srednje jakoj vatri zagrijte 2 žlice ulja. Kad se ulje zagrije dodajte luk. Rukama zgnječite lovorov list preko luka. Posolite i popaprite.

b) Pirjajte 8 minuta. Dodajte kobasicu i nastavite kuhati 2 minute. Dodajte režnjeve češnjaka i rajčice. Posolite i popaprite. Pirjajte 2 minute. Umiješajte krumpir i začinsko bilje.

c) Dodajte pileći temeljac i zakuhajte tekućinu. Prelijte sardine preostalim maslinovim uljem. Posolite i popaprite. Na svaki drveni ražanj nabodite po četiri srdele. Ražnjiće stavite na roštilj i pecite ih 2 minute sa svake strane.

d) Maknite s roštilja. Za posluživanje ulijte gulaš u sredinu svake plitke zdjele. Preko gulaša položite jedan ražnjić sardina i poslužite.

98.Punjene srdele

Sastojci

- 14 velikih (ili 20 malih sardina)
- 14-20 svježih listova lovora
- 1 naranča, prepolovljena po dužini, zatim narezana na ploške
- za nadjev
- 50 g (2 oz) ribiza
- 4 žlice ekstra djevičanskog maslinovog ulja
- 1 glavica luka sitno nasjeckana
- 4 češnja češnjaka, sitno nasjeckana
- prstohvat zdrobljenih suhih čilija
- 75 g (3 oz) svježih bijelih krušnih mrvica
- 2 žlice svježe nasjeckanog plosnatog peršina
- 15 g ($\frac{1}{2}$oz) fileta inćuna u maslinovom ulju, ocijeđenih
- 2 žlice malih kapara, nasjeckanih
- korica $\frac{1}{2}$ male naranče, plus sok od naranče
- 25 g (1oz) sitno ribanog pekorina ili parmezana
- 50 g (2oz) pinjola, lagano prženih

a) Za nadjev prelijte ribizle vrućom vodom i ostavite ih 10 minuta da se napune. Zagrijte ulje u tavi, dodajte luk, češnjak i zgnječene sušene papričice te lagano kuhajte 6-7 minuta dok luk ne omekša, ali ne posmeđi. Maknite tavu s vatre i umiješajte krušne mrvice, peršin, inćune, kapare, koricu i sok od naranče, sir i pinjole. Ribizle dobro ocijedite i promiješajte te začinite po ukusu solju i paprom.

b) Žlicom rasporedite oko 1$\frac{1}{2}$ žlice nadjeva duž glave svake sardine i zarolajte ih prema repu. Zgusnuti ih u nauljenu plitku posudu za pečenje.

c) Ribu lagano posolite i popaprite, pokapajte s još malo ulja i pecite na roštilju 20 minuta.

d) Poslužite na sobnoj temperaturi ili hladno kao dio asortimana predjela.

99.Đavolska skuša

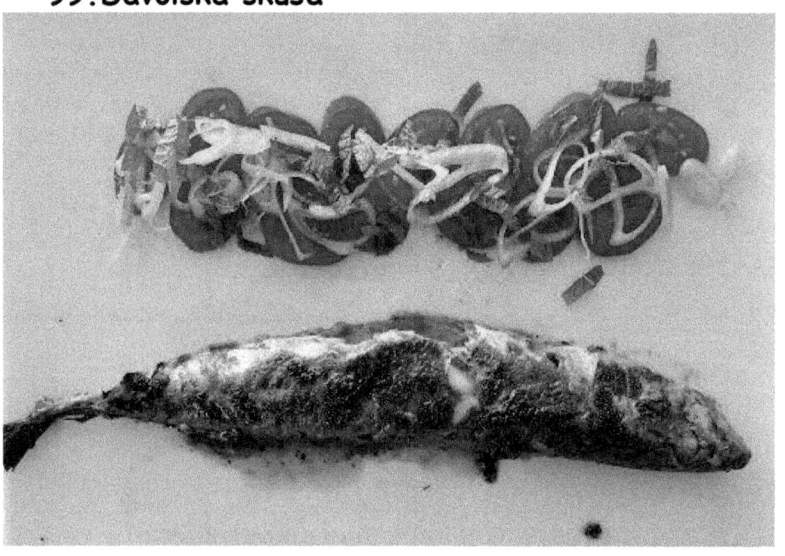

Služi 4

- 4 skuše, očišćene i orezane
- 40 g (1½ oz) maslaca
- 1 žličica šećera
- 1 žličica engleskog senfa u prahu
- 1 žličica kajenskog papra
- 1 žličica paprike
- 1 žličica mljevenog korijandera
- 2 žlice crnog vinskog octa
- 1 žličica svježe mljevenog papra
- 2 žličice soli
- za salatu od mente i rajčice
- 225 g (8 oz) malih zrelih rajčica, narezanih na kriške
- 1 manja glavica luka prepolovljena i vrlo tanko narezana
- 1 žlica svježe nasjeckane metvice
- 1 žlica svježeg soka od limuna

a) Otopite maslac u maloj posudi za pečenje. Maknite s vatre, umiješajte šećer, senf, začine, ocat, papar i sol i dobro promiješajte. Dodajte skuše začinjenom maslacu i okrenite ih jednom ili dvaput dok se dobro ne prekriju smjesom, rasporedite malo i po šupljini svake ribe. Premjestite ih na lagano nauljeni lim za pečenje ili rešetku grill tave i pecite na roštilju 4 minute sa svake strane, dok se ne ispeku.

b) Za to vrijeme, za salatu, na četiri tanjura za posluživanje rasporedite narezane rajčice, luk i metvicu, te slojeve poškropite limunovim sokom i malo začina. Kuhane skuše stavite sa strane i poslužite, po želji s malo prženih krumpirića.

100. Sušeni inćuni ili sardine

Sastojci

- 3 funte vrlo svježih inćuna
- ⅔ šalice košer soli
- 2 šalice ekstra djevičanskog maslinovog ulja
- 2 velika češnja češnjaka
- 1 žličica pahuljica crvene paprike

a) Filete dobro isperite dana. i položite ih na čiste kuhinjske krpe u jednom sloju da se potpuno osuše; osušite dok se površina ne ohladi. Riba će se držati, potpuno uronjena u ulje i čvrsto pokrivena, u hladnjaku do

b) Ulijte sol u male obrubljene najmanje 4 mjeseca. Ako želite, nakon što se jelo i utisnuti svaki riblji file u ribu stegne u ulju da ga sol potpuno prekrije oba dana, možete pažljivo prebaciti strane. Čvrsto zapakirajte riblje filete u staklenku od litre s poklopcem

c) Pokrijte plastičnom folijom i s češnjakom i papričicom stavite u hladnjak na 12 sati.

ZAKLJUČAK

Želite oduševiti goste na svojim ljetnim kuharskim zabavama?
Plodovi mora—od škampi, jakobovih kapica i repova jastoga do
vaše omiljene ribe—savršen su način da pokažete svoje vještine
pečenja uz malo dodatnog truda. Obogatite svoje plodove mora
aromatičnim marinadama, brzo ih ispecite na vrućem, dobro
nauljenom roštilju i jednostavno nećete pogriješiti.

Milton Keynes UK
Ingram Content Group UK Ltd.
UKHW020714310723
426074UK00018B/1186